HANDBOOK OF
TAGALOG VERBS

HANDBOOK OF TAGALOG VERBS
Inflections, Modes, and Aspects

Teresita V. Ramos
and
Maria Lourdes S. Bautista

UNIVERSITY OF HAWAII PRESS
Honolulu

© 1986 by University of Hawaii Press
All rights reserved
Printed in the United States of America

00 99 98 97 96 95   6 5 4 3 2

Library of Congress Cataloging-in-Publication Data
Ramos, Teresita V.
  Handbook of Tagalog verbs.

  Bibliography: p.
  Includes index.
1. Tagalog language–Verb. I. Bautista, Maria Lourdes S. II. Title.
PL6053.R275   1986   499'.21182421
86–6983
ISBN 0–8248–1018–X

Camera-ready copy for this book was prepared by the Department of Indo-Pacific Languages, University of Hawai'i.

University of Hawai'i Press books are printed on acid-free paper and meet the guidelines for permanence and durability of the Council on Library Resources

INTRODUCTION

This handbook of Tagalog verbs is a reference work which gives a concise, easy-to-understand description of Tagalog verbal inflection together with tables showing all the necessary forms of the most important and widely used Tagalog verbs. The handbook is designed to supplement textbooks in beginning and advanced level Tagalog. Since there is no reference book that specializes on the Tagalog verb for students, this handbook will be a valuable resource.

A Tagalog verb usually contains a root or base and one or more affixes. The base provides the meaning of the verb whereas the affixes show the relation of the topic to the verb and also the character of the action.

Verbs are classified by the affixes they take. The affixes indicate which complement of the sentence is in focus. A complement may be the *actor*, the *object*, the *direction*, the *instrument*, or the *beneficiary* of the action. Other less common complements are the *location* of and the *reason* for the action. An affix, however, may mark more than one kind of complement as in focus depending on the verb base, but generally the following classification holds true (the complement in focus is in parentheses).

(1) **Mag-/-um-** verbs indicate that the *actor* of sentence is in focus: *Bumili (ka) ng tinapay sa tindahan para sa akin.* 'You buy bread at the store for me.'

(2) **-In** verbs usually indicate that the *object* of the sentence is in focus: *Bilhin mo (ang tinapay) sa tindahan para sa akin.* 'Buy (bread) at the store for me.'

(3) **-An** verbs usually indicate the *direction* is in focus: *Bilhan mo ng tinapay (ang tindahan).* 'Buy bread (at the store).'

(4) **Ipang-** verbs indicate that the *instrument* of the sentence is in focus: *Ipambili mo ng tinapay sa tindahan (ang pera ko).* 'Buy bread at the store (with my money).'

(5) **I-/Ipag-** verbs usually indicate that the *beneficiary* is in focus: *Ibili mo (ako) ng tinapay sa tindahan.* 'Buy bread (for me) at the store.'

(6) **Pag- -an** verbs usually indicate that the location or place is in focus: *Pinaglutuan niya ng kanin (ang lumang palayok).* 'He cooked rice in the old pot.'

(7) **Ika-** verbs usually indicate that the reason for the action is in focus: *Ikinagaling niya ang gamot na ibinigay ng doktor.* 'The medicine given by the doctor made him get well.'

Verbs inflect for aspect rather than tense as in English. Aspect indicates whether the action has started or has been completed. The three aspects are (1) **perfective** (action started and terminated), (2) **contemplated** (action not started but anticipated), (3) **imperfective** (action started but not yet completed or still in progress). The form of the verb that does not imply any aspect is in the **infinitive** form. It is also the command or the imperative form of the verb. The following paradigm gives the changes in verbal formation corresponding to aspect.

Base: **Sulat** 'write'

Aspect	Mag-Verb	Um-Verb
Infinitive	magsulat	sumulat
Perfective	nagsulat	sumulat
Imperfective	nagsusulat	sumusulat
Contemplated	magsusulat	susulat
Recent Perfective	kasusulat	

Some grammarians consider **ka-** verbs to be another aspect form referred to as "recent perfective." **Ka-** followed by the reduplicated CV-/V- of the verb base marks a recently completed action of the verb.

The Tagalog verb has been found to be the most difficult part of the language to learn. For the beginner, this verb dictionary constitutes a valuable aid in learning the basic inflections of the verb. Existing textbooks and dictionaries provide the student only with a few examples to illustrate the principles of inflection. Most dictionaries list only root words. This is very frustrating to the student who is hampered in determining the meaning or form of an unfamiliar verb while reading or writing compositions. With this verb reference text, the student will be able to quickly verify the form he is interested in. By presenting the full array of verbal inflections in tables, this book also enables the beginning student to see the language as a system rather than as a haphazard collection of roots and affixes. The more advanced student will profit from this systematic view of the language, too, because it will help organize the many inflected forms which he has learned into a systematic body of data. By identifying the inflectional features and the corresponding affixes with a verb root table and seeing the various kinds of verbs that can be created by inflection, the student is able to draw up a systematic account of the elaborate affixation of verbs.

The entries, approximately 200 verbs, were selected for being high frequency words. They are verbs that a learner will most likely meet and use early in common situations.

Entries are inflected for aspect, focus, and kind of action or mode. Each verb is analyzed, categorized and given a meaning. If a single root has different meanings, each meaning is given an affix correspondence set and different meanings are presented one after the other.

There are five aspectual forms listed for each entry: Infinitive (Inf.), Perfective (Perf.), Imperfective (Imperf.), Contemplated (Cont.), and Recent Perfective (Rec. Perf.).

The basic focus forms listed are Actor-focus (AF), Object-focus (OF), and Directional-focus (DF). If other focuses have a significant functional load for specific verbs, then they are also included. These are Instrumental-focus (IF), Benefactive-focus (BF), Locative-focus (LF), and Reason-focus (RF).

The basic modes or kinds of action included are: Indicative, Aptative, and Causative. Occasionally, if the functional load justifies it, also included are the Reciprocal, Intensive, Distributive, Associative, Accidental, and Involuntary modes.

Each base word entry is followed by the basic focus alternation. The next line gives the affix set that corresponds to the focus alternation followed by the meaning expressed by the affix and the base word together.

For example, on page 1, the root word *abot* is followed by the focus alternation Actor (ACT) and Object (OBJ). The next line gives the affix correspondence: -*um*- is an actor focus affix and -*in* an object focus affix followed by the meaning "reach for". This in turn is followed by an array of various verb forms corresponding to the indicative, aptative, and causative modes in their different aspectual as well as focus forms.

The following example illustrates what the usual entry is like. **Abot** is listed with three different meanings and their accompanying specific affix correspondence sets:

		ACT	OBJ	ABOT
		-um-	-in	"reach for"
Indicative	AF	**Inf.** umabót; **Perf.** umabot; **Imperf.** umaabot; **Cont.** aabot; **Rec. Perf.** kaáabot		
	OF	**Inf.** abutín; **Perf.** inabót; **Imperf.** inaabot; **Cont.** aabutin		
Aptative	AF	**Inf.** makaabót; **Perf.** nakaabot; **Imperf.** nakakaabot/nakaaabot; **Cont.** makakaabot/makaaabot		
	OF	**Inf.** maabót; **Perf.** naabot; **Imperf.** naaabot; **Cont.** maaabot		
Causative	A_1F	**Inf.** magpaabót; **Perf.** nagpaabot; **Imperf.** nagpapaabot; **Cont.** magpapaabot		

A_2F	**Inf.** paabutín; **Perf.** pinaabót; **Imperf.** pinapaabot/pinaaabot; **Cont.** papaabutin/paaabutin
OF	**Inf.** ipaabót; **Perf.** ipinaabot; **Imperf.** ipinapaabot/ipinaaabot **Cont.** ipapaabot/ipaaabot

	ACT	OBJ	DIR	
	mag-	i-	-an	"hand to"

Indicative	AF	**Inf.** mag-abót; **Perf.** nag-abot; **Imperf.** nag-aabot; **Cont.** mag-aabot; **Rec. Perf.** kaaabót
	OF	**Inf.** iabót; **Perf.** iniabot; **Imperf.** iniaabot; **Cont;** iaabot
	DF	**Inf.** abután; **Perf.** inabutan; **Imperf.** inaabutan; **Cont.** aabutan
Aptative	AF	**Inf.** makapag-abót; **Perf.** nakapag-abot; **Imperf.** nakakapag-abot/nakapag-aabot; **Cont.** makakapag-abot/makapag-aabot
	OF	**Inf.** maiabót; **Perf.** naiabot; **Imperf.** naiaabot; **Cont.** maiaabot
	DF	**Inf.** maabután; **Perf.** naabutan; **Imperf.** naaabutan; **Cont.** maaabutan
Causative	A_1F	**Inf.** magpaabót; **Perf.** nagpaabot; **Imperf.** nagpapaabot; **Cont.** magpapaabot

	A_2F	**Inf.** (pa)pag-abutín; **Perf.** pinapag-abót/pinag-abót; **Imperf.** pinapapag-abot/pinapag-aabot/pinag-aabot; **Cont.** papapag-abutin/papag-aabutin/pag-aabutin

	ACT	OBJ	DIR	
	-um-	-in	-an	"reach, overtake"

Indicative	AF	**Inf.** umábot; **Perf.** umabot; **Imperf.** umaabot; **Cont.** aabot; **Rec. Perf.** kaaábot
	OF	**Inf.** abútin; **Perf.** inábot; **Imperf.** inaabot; **Cont.** aabutin
	DF	**Inf.** abútan; **Perf.** inabutan; **Imperf.** inaabutan; **Cont.** aabutan
Aptative	AF	**Inf.** makaábot; **Perf.** nakaabot; **Imperf.** nakakaabot/nakaaabot; **Cont.** makakaabot/makaaabot
	OF	**Inf.** maábot; **Perf.** naabot; **Imperf.** naaabot; **Cont.** maaabot
	DF	**Inf.** maabútan; **Perf.** naabutan; **Imperf.** naaabutan; **Cont.** maaabutan
Causative	A_1F	**Inf.** magpaábot; **Perf.** nagpaabot; **Imperf.** nagpapaabot; **Cont.** magpapaabot

A_2F **Inf.** paabútin; **Perf.** pinaábot;
Imperf. pinapaabot/pinaaabot;
Cont. papaabutin/paaabutin

The semantic differences among the three abot roots are matched by differences in affix correspondence sets as well as differences in accent marks.

Other observations about the entries are as follows:

1. Entries are alphabetized according to the English alphabet for easy reference except that ng is inserted between n and o.
2. An index at the end of the book has a listing of the English equivalents followed by the corresponding Tagalog entry.
3. In some entries, the -um- affix is enclosed in parentheses. This means that the -um- actor focus verb does not appear in the sentence construction consisting of the predicate followed by the subject--the typical Tagalog sentence construction. These particular actor focus -um- verbs occur only in phrases preceded by ang. For example:

Verb root: Basag

Not accepted: Bumasag siya ng salamin.

'She broke (AF) the mirror.'

Accepted: **Siya ang bumasag ng salamin.**
'She was the one who broke (AF) the mirror.'

In the predicate + subject construction, this type of verb is mainly an object focus-type verb.

Example: **Binasag niya ang salamin.**
'She broke (OF) the mirror.'

4. Some verb forms have certain affixes enclosed in parentheses. Example: (**pa**)**paghugasin**. This means the verb occurs with or without the enclosed element (i.e. **paghugasin** or **papaghugasin**).

5. Certain base forms like **pagkaroon**, **panalo**, **panood**, and so on, are listed as main entries instead of roots. The initial letter **p-** changes to **m-** when in the actor focus construction. Example: **panood** --> **manood**. Instead of the root -**nood**, the full word **panood** is used in combination with other affixes. Example: kapa**panood**, maka**panood**, ma**panood**, magpa**panood**, pa**panoorin**, and so on.

6. When the meaning varies somewhat from the root, base form subentries are listed like **laki-palaki** and **usap-kausap**. There are very few of these forms.

7. Certain actors are identified as actor-

undergoer (ACT_u). These are actors (includes animals) that undergo the action, almost object-like in function. These verbs are restricted to animate subjects.

    Example: *Gumaling siya*. (ACT_u)

    'She got well.'

Where the subjects are not animate--in other words, inanimate--the verbs are marked *Object* (OBJ).

    Example: *Lumamig ang pagkain*. (OBJ)

    'The food got cold.'

8. In the causative mode, two types of actor/subject are differentiated. A_1F refers to the actor/subject that causes the action to be done; and A_2F refers to the actor/subject that does the action.

    Examples: A_1F *magpaluto* 'to cause someone to cook'

    A_2F *papaglutuin*

9. Not all the possible focus alternations of each entry are listed. Taking functional load into consideration, the entries often have just two focus alternation forms (ACT and OBJ) listed. Certain verbs, however, have as many as four alternation forms given. See page 100 where *hingi*' "ask" has Actor (ACT), Object (OBJ), Directional (DIR), and

Benefactive (BEN) listed as possible focus alternations.

10. When a suffix is added to a word stressed on the second to the last syllable (penultimate stress), the stress is usually shifted to the next syllable following it:

    bása --> basáhin

    línis --> linísin

When stressed on the last syllable (ultimate stress), the stress is usually shifted to the suffix:

    walís --> walisín

    puntá --> puntahán

Note the change of -in to -hin or -an to -han when the root ends in a vowel sound.

There is no attempt to make the verb listing in this book exhaustive. The verbs selected, however, are verbs that are most often used. Nor is there an attempt to list all the forms of each entry. Only the most commonly used forms are listed based upon the authors' consensus. It is hoped that this delineation will be helpful to Tagalog students as they try to use the most common verbs in the language.

The authors would like to acknowledge their indebtedness to the system of verb classification and valuable data found in Curtis McFarland's *A Provisional Classification of Tagalog Verbs* (1976), Paul Schachter and Fe Otanes' *Tagalog Reference Grammar* (1972), and Teresita Ramos' *The Case System of Tagalog Verbs* (1974).

The authors are also indebted to Cherry T. Marquez for checking the verb forms and for her painstaking assistance in proof-reading the manuscript; to Rowena V. Pilapil for her careful typing of the manuscript; to Lynn Pascua and other student assistants who typed the first drafts of the manuscripts; and to the Department of Indo-Pacific Languages for the use of its facilities, especially the computer.

                                              ABOT
                           ACT   OBJ
                           -um-   -in   "reach for"

Indicative   AF   **Inf.** umabót; **Perf.** umabot;
                      Imperf. umaabot; **Cont.** aabot;
                      Rec. Perf. kaaabót
                OF   **Inf.** abutín; **Perf.** inabót; **Imperf.**
                      inaabot; **Cont.** aabutin
Aptative   AF   **Inf.** makaabót; **Perf.** nakaabot;
                      Imperf. nakakaabot/nakaaabot;
                      Cont. makakaabot/makaaabot
                OF   **Inf.** maabót; **Perf.** naabot; **Imperf.**
                      naaabot; **Cont.** maaabot
Causative   A₁F   **Inf.** magpaabót; **Perf.** nagpaabot;
                      Imperf. nagpapaabot; **Cont.**
                      magpapaabot
                A₂F   **Inf.** paabutín; **Perf.** pinaabót;
                      Imperf. pinapaabot/pinaaabot;
                      Cont. papaabutin/paaabutin
                OF   **Inf.** ipaabót; **Perf.** ipinaabot;
                      Imperf. ipinapaabot/ipinaaabot;
                      Cont. ipapaabot/ipaaabot

	ACT	OBJ	DIR	
	mag-	i-	-an	"hand to"

Indicative	AF	**Inf.** mag-abót; **Perf.** nag-abot; **Imperf.** nag-aabot; **Cont.** mag-aabot; **Rec. Perf.** kaaabót
	OF	**Inf.** iabót; **Perf.** iniabot; **Imperf.** iniaabot; **Cont.** iaabot
	DF	**Inf.** abután; **Perf.** inabutan; **Imperf.** inaabutan; **Cont.** aabutan
Aptative	AF	**Inf.** makapag-abót; **Perf.** nakapag-abot; **Imperf.** nakakapag-abot/nakapag-aabot; **Cont.** makakapag-abot/makapag-aabot
	OF	**Inf.** maiabót; **Perf.** naiabot; **Imperf.** naiaabot; **Cont.** maiaabot
	DF	**Inf.** maabután; **Perf.** naabutan; **Imperf.** naaabutan; **Cont.** maaabutan
Causative	A_1F	**Inf.** magpaabót; **Perf.** nagpaabot; **Imperf.** nagpapaabot; **Cont.** magpapaabot
	A_2F	**Inf.** (pa)pag-abutín; **Perf.** pinapag-abót/pinag-abót; **Imperf.** pinapapag-abot/pinapag-aabot/pinag-aabot; **Cont.** papapag-abutin/papag-aabutin/pag-aabutin

```
                    ACT    OBJ    DIR
                    -um-   -in    -an    "reach, overtake"
```

Indicative	AF	**Inf.** umábot; **Perf.** umabot; **Imperf.** umaabot; **Cont.** aabot; **Rec. Perf.** kaaábot
	OF	**Inf.** abútin; **Perf.** inábot; **Imperf.** inaabot; **Cont.** aabutin
	DF	**Inf.** abútan; **Perf.** inabutan; **Imperf.** inaabutan; **Cont.** aabutan
Aptative	AF	**Inf.** makaábot; **Perf.** nakaabot; **Imperf.** nakakaabot/nakaaabot; **Cont.** makakaabot/makaaabot
	OF	**Inf.** maábot; **Perf.** naabot; **Imperf.** naaabot; **Cont.** maaabot
	DF	**Inf.** maabútan; **Perf.** naabutan; **Imperf.** naaabutan; **Cont.** maaabutan
Causative	A_1F	**Inf.** magpaábot; **Perf.** nagpaabot; **Imperf.** nagpapaabot; **Cont.** magpapaabot
	A_2F	**Inf.** paabútin; **Perf.** pinaábot; **Imperf.** pinapaabot/pinaaabot; **Cont.** papaabutin/paaabutin

AKSAYA

		ACT	OBJ	DIR	
		mag-	-in	-an	"waste"

Indicative   AF   **Inf.** mag-aksayá; **Perf.** nag-aksaya; **Imperf.** nag-aaksaya; **Cont.** mag-aaksaya; **Rec. Perf.** kaáaksaya

                OF   **Inf.** aksayahín; **Perf.** inaksayá; **Imperf.** inaaksaya; **Cont.** aaksayahin

                DF   **Inf.** pag-aksayahán; **Perf.** pinag-aksayahan; **Imperf.** pinapag-aksayahan/pinag-aaksayahan; **Cont.** papag-aksayahan/pag-aaksayahan

Aptative   AF   **Inf.** makapag-aksayá; **Perf.** nakapag-aksaya; **Imperf.** nakakapag-aksaya/nakapag-aaksaya; **Cont.** makakapag-aksaya/makapag-aaksaya

                OF   **Inf.** maaksayá; **Perf.** naaksaya; **Imperf.** naaaksaya; **Cont.** maaaksaya

                DF   **Inf.** mapag-aksayahán; **Perf.** napag-aksayahan; **Imperf.** napapag-aksayahan/napag-aaksayahan; **Cont.** mapapag-aksayahan/mapag-aaksayahan

Causative	A_1F		Inf. magpaaksayá; Perf. nagpaaksaya; Imperf. nagpapaaksaya; Cont. magpapaaksaya
	A_2F		Inf. (pa)pag-aksayahín; Perf. pinapag-aksayá/pinag-aksaya; Imperf. pinapapag-aksaya/pinapag-aaksaya/pinag-aaksaya; Cont. papapag-aksayahin/papag-aaksayahin/pag-aaksayahin

AKYAT

		ACT	OBJ/DIR	
		-um-	-in	"climb" (intransitive)
Indicative		AF	Inf. umakyát; Perf. umakyat; Imperf. umaakyat; Cont. aakyat; Rec. Perf. kaáakyat	
		OF/DF	Inf. akyatín; Perf. inakyát; Imperf. inaakyat; Cont. aakyatin	
Aptative		AF	Inf. makaakyát; Perf. nakaakyat; Imperf. nakakaakyat/nakaaakyat; Cont. makakaakyat/makaaakyat	
		DF	Inf. maakyát; Perf. naakyat; Imperf. naaakyat; Cont. maaakyat	
Causative	A_1F		Inf. magpaakyát; Perf. nagpaakyat; Imperf. nagpapaakyat; Cont. magpapaakyat	

A_2F **Inf.** paakyatin; **Perf.** pinaakyát;
Imperf. pinapaakyat/pinaaakyat;
Cont. papaakyatin/paaakyatin

		ACT	OBJ	DIR	
		mag-	i-	-an	"bring up"

Indicative   AF   **Inf.** mag-akyát; **Perf.** nag-akyat; **Imperf.** nag-aakyat; **Cont.** mag-aakyat

OF   **Inf.** iakyát; **Perf.** in(i)akyat; **Imperf.** in(i)aakyat; **Cont.** iaakyat

DF   **Inf.** akyatán; **Perf.** inakyatan; **Imperf.** inaakyatan; **Cont.** aakyatan

Aptative   AF   **Inf.** makapag-akyát; **Perf.** nakapag-akyat; **Imperf.** nakakapag-akyat/nakapag-aakyat; **Cont.** makakapag-akyat/makapag-aakyat

OF   **Inf.** maiakyát; **Perf.** naiakyat; **Imperf.** naiaakyat; **Cont.** maiaakyat

DF   **Inf.** maakyatán; **Perf.** naakyatan; **Imperf.** naaakyatan; **Cont.** maaakyatan

Causative A_1F **Inf.** magpaakyát; **Perf.** nagpaakyat; **Imperf.** nagpapaakyat; **Cont.** magpapaakyat

A_2F **Inf.** (pa)pag-akyatín; **Perf.**

		pinapag-akyát/pinag-akyát; **Imperf.** pinapapag-akyat/pinapag-aakyat/ pinag-aakyat; **Cont.** papapag-akyatin/papag-aakyatin/pag-aakyatin	
	OF	**Inf.** ipaakyát; **Perf.** ipinaakyat; **Imperf.** ipinapaakyat/ipinaaakyat; **Cont.** ipapaakyat/ipaaakyat	
	DF	**Inf.** paakyatán; **Perf.** pinaakyatan; **Imperf.** pinapaakyatan/pinaaakyatan; **Cont.** papaakyatan/paaakyatan	

ALA(A)LA

		ACT	OBJ	
		-um-	-in	"remember"
Indicative	OF		**Inf.** alalahánin; **Perf.** inalála; **Imperf.** inaalala; **Cont.** aalalahanin; **Rec. Perf.** kaalála	
Aptative	AF		**Inf.** makaalála; **Perf.** nakaalala; **Imperf.** nakakaalala/nakaaalala; **Cont.** makakaalala/makaaalala	
	OF		**Inf.** maalála; **Perf.** naalala; **Imperf.** naaalala; **Cont.** maaalala	
Causative	A_1F		**Inf.** magpaalála; **Perf.** nagpaalala; **Imperf.** nagpapaalala; **Cont.** magpapaalala	

	A_2F	**Inf.** paalalahánan; **Perf.** pinaalalahanan; **Imperf.** pinapaalalahanan; **Cont.** papaalalahanan
	OF	**Inf.** ipaalála; **Perf.** ipinaalala; **Imperf.** ipinapaalala/ipinaaalala; **Cont.** ipapaalala/ipaaalala

ACT	DIR	
mag-	-in	"worry"

Indicative	AF	**Inf.** mag-alalá; **Perf.** nag-alala; **Imperf.** nag-aalala; **Cont.** mag-aalala; **Rec. Perf.** kaaalalá
	DF	**Inf.** alalahánin; **Perf.** inalála; **Imperf.** inaalala; **Cont.** aalalahanin
Causative	A_2F	**Inf.** (pa)pag-alaháninn; **Perf.** pinapag-alála/pinag-alála; **Imperf.** pinapapag-alala/pinapag-aalala/pinag-aalala; **Cont.** papapag-alalahanin/papag-aalalahanin/pag-aalalahanin

ALAGA'

ACT OBJ
mag- -an   "take care of"

Indicative		AF	**Inf.** mag-alága'; **Perf.** nag-alaga'; **Imperf.** nag-aalaga'; **Cont.** mag-aalaga'; **Rec. Perf.** kaaalága'
		OF	**Inf.** alagáan; **Perf.** inalagaan; **Imperf.** inaalagaan; **Cont.** aalagaan
Aptative		AF	**Inf.** makapag-alága'; **Perf.** nakapag-alaga'; **Imperf.** nakakapag-alaga'; **Cont.** makakapag-alaga'/makapag-aalaga'
		OF	**Inf.** maalagáan; **Perf.** naalagaan; **Imperf.** naaalagaan; **Cont.** maaalagaan
Causative		A_1F	**Inf.** magpaalága'; **Perf.** nagpaalaga'; **Imperf.** nagpapa-alaga'/nagpaaalaga'; **Cont.** magpapaalaga'/magpaaalaga'
		A_2F	**Inf.** (pa)pag-alagáin; **Perf.** pinapag-alága'/pinag-alága'; **Imperf.** pinapapag-alaga'/pinapag-aalaga'/pinag-aalaga'; **Cont.** papapag-alagain/papag-aalagain/pag-aalagain
		OF	**Inf.** paalagáan; **Perf.** pinaalagaan;

　　　　　　　　　Imperf. pinaaalagaan/pinapaala-
　　　　　　　　　gaan; **Cont.** paaalagaan/
　　　　　　　　　papaalagaan

　　　　　or

　　　　　OF　**Inf.** ipaalága'; **Perf.** ipinaalaga';
　　　　　　　　Imperf. ipinapaalaga'/ipina-
　　　　　　　　aalaga'; **Cont.** ipapaalaga'/
　　　　　　　　ipaaalaga'

　　　　　　　　　　　　　　　　　　　　　　　ALAM
　　　　　　　ACT　　OBJ
　　　　　　(-um-)　-in　　　　　　　"know"

Indicative　　OF　**Inf.** alamín; **Perf.** inalám;
　　　　　　　　　Imperf. inaalam; **Cont.** aalamin;
　　　　　　　　　Rec. Perf. kaáalam

Aptative　　　AF　**Inf.** makaalám; **Perf.** nakaalam;
　　　　　　　　　Imperf. nakakaalam/nakaaalam;
　　　　　　　　　Cont. makakaalam/makaaalam

　　　　　　　OF　**Inf.** maláman; **Perf.** nalaman;
　　　　　　　　　Imperf. nalalaman; **Cont.** malalaman

Causative　　A_1F　**Inf.** magpaalám; **Perf.**
　　　　　　　　　nagpaalam; **Imperf.** nagpapaalam;
　　　　　　　　　Cont. magpapaalam

　　　　　　　A_2F　**Inf.** (pa)pagpaalamín; **Perf.**
　　　　　　　　　pinapagpaalám/pinagpaalám; **Imperf.**
　　　　　　　　　pinapapagpaalam/pinapagpapaalam/

			pinagpapaalam; **Cont.** papapagpaalamin/papagpapaalamin/pagpapaalamin
		OF	**Inf.** ipaalám; **Perf.** ipinaalam; **Imperf.** ipinapaalam/ipinaaalam; **Cont.** ipapaalam/ipaaalam

PAALAM

ACT

mag-   "say good-bye"

Indicative	AF	**Inf.** magpaálam; **Perf.** nagpaalam; **Imperf.** nagpapaalam; **Cont.** magpapaalam
Aptative	AF	**Inf.** makapagpaálam; **Perf.** nakapagpaalam; **Imperf.** nakakapagpaalam/nakapagpapaalam; **Cont.** makakapagpaalam/makapagpapaalam

ALIS

ACT

-um-   "depart"

Indicative	AF	**Inf.** umalís; **Perf.** umalis; **Imperf.** umaalis; **Cont.** aalis; **Rec. Perf.** kaáalis
Aptative	AF	**Inf.** makaalís; **Perf.** nakaalis;

		Imperf. nakakaalis/nakaaalis;
		Cont. makakaalis/makaaalis
Causative	A_1F	Inf. magpaalis; Perf. nagpaalis;
		Imperf. nagpapaalis; Cont. magpapaalis
	A_2F	Inf. paalisín; Perf. pinaalis;
		Imperf. pinapaalis/pinaaalis;
		Cont. papaalisin/paaalisin

	ACT	OBJ	DIR	
	mag-	-in	-an	"remove"

Indicative	AF	Inf. mag-alis; Perf. nag-alis; Imperf. nag-aalis; Cont. mag-aalis; Rec. Perf. kaáalis
	OF	Inf. alisín; Perf. inalis; Imperf. inaalis; Cont. aalisin
	DF	Inf. alisán; Perf. inalisan; Imperf. inaalisan; Cont. aalisan
Aptative	AF	Inf. makapag-alis; Perf. nakapag-alis; Imperf. nakakapag-alis/nakapag-aalis; Cont. makakapag-alis/makapag-aalis
	OF	Inf. maalis; Perf. naalis; Imperf. naaalis; Cont. maaalis
	DF	Inf. maalisán; Perf. naalisan; Imperf. naaalisan; Cont. maaalisan

Causative	A₁F	**Inf.** magpaalis; **Perf.** nagpaalis; **Imperf.** nagpapaalis; **Cont.** magpapaalis
	A₂F	**Inf.** (pa)pag-alisin; **Perf.** pinapag-alis/pinag-alis; **Imperf.** pinapapag-alis/pinapag-aalis/pinag-aalis; **Cont.** papapag-alisin/papag-aalisin/pag-aalisin
	OF	**Inf.** ipaalis; **Perf.** ipinaalis; **Imperf.** ipinapaalis/ipinaaalis; **Cont.** ipapaalis/ipaaalis

ARAL

ACT	OBJ		
mag-	pag-	-an	"study"

Indicative	AF	**Inf.** mag-áral; **Perf.** nag-aral; **Imperf.** nag-aaral; **Cont.** mag-aaral; **Rec. Perf.** kaaáral
	OF	**Inf.** pag-arálan; **Perf.** pinag-aralan; **Imperf.** pinag-aaralan; **Cont.** pag-aaralan
Aptative	AF	**Inf.** makapag-áral; **Perf.** nakapag-aral; **Imperf.** nakakapag-aral/nakapag-aaral; **Cont.** makakapag-aral/makapag-aaral

Causative	OF	**Inf.** mapag-arálan; **Perf.** napag-aralan; **Imperf.** napapag-aralan/napag-aaralan; **Cont.** mapapag-aralan/mapag-aaralan
	A_1F	**Inf.** magpaáral; **Perf.** nagpaaral; **Imperf.** nagpapaaral; **Cont.** magpapaaral
	A_2F	**Inf.** (pa)pag-arálin; **Perf.** pinapag-áral/pinag-áral; **Imperf.** pinapapag-aral/pinapag-aaral/pinag-aaral; **Cont.** papapag-aralin/papag-aaralin/pag-aaralin
	OF	**Inf.** ipaáral; **Perf.** ipinaaral; **Imperf.** ipinapaaral/ipinaaaral; **Cont.** ipapaaral/ipaaaral

		ASA
ACT	DIR	
-um-	-an	"expect, rely on"

Indicative	AF	**Inf.** umása; **Perf.** umasa; **Imperf.** umaasa; **Cont.** aasa; **Rec. Perf.** kaaása
	DF	**Inf.** asáhan; **Perf.** inasahan; **Imperf.** inaasahan; **Cont.** aasahan
Aptative	AF	**Inf.** makaása; **Perf.** nakaasa; **Imperf.** nakakaasa/nakaaasa; **Cont.** makakaasa/makaaasa

Causative	DF	**Inf.** maasáhan; **Perf.** naasahan; **Imperf.** naaasahan; **Cont.** maaasahan
	A₁F	**Inf.** magpaása; **Perf.** nagpaasa; **Imperf.** nagpapaasa; **Cont.** magpapaasa
	A₂F	**Inf.** paasáhin; **Perf.** pinaása; **Imperf.** pinapaasa/pinaaasa; **Cont.** papaasahin/paaasahin

AWAY

```
       ACT    DIR
       -um-   -in    "start a quarrel with"
```

Indicative	DF	**Inf.** awáyin; **Perf.** ináway; **Imperf.** inaaway; **Cont.** aawayin; **Rec. Perf.** kaaáway
Aptative	DF	**Inf.** makaáway; **Perf.** nakaaway; **Imperf.** nakakaaway; **Cont.** makakaaway
or		
	DF	**Inf.** maáway; **Perf.** naaway; **Imperf.** naaaway; **Cont.** maaaway

```
       ACT
       mag-    "quarrel with each other"
```

| Indicative | AF | (pl.) **Inf.** mag-áway; **Perf.** |

		nag-away; **Imperf.** nag-aaway; **Cont.** mag-aaway; **Rec. Perf.** kaaáway
Causative	A$_2$F	(pl.) **Inf.** (pa)pag-awáyin; **Perf.** pinapag-áway/pinag-áway; **Imperf.** pinapapag-away/pinapag-aaway/pinag-aaway; **Cont.** papapag-awayin/papag-aawayin/pag-aawayin

			AYOS
	ACT	OBJ	
	mag-	-in	"arrange"
Indicative	AF		**Inf.** mag-áyos; **Perf.** nag-ayos; **Imperf.** nag-aayos; **Cont.** mag-aayos
	OF		**Inf.** ayúsin; **Perf.** ináyos; **Imperf.** inaayos; **Cont.** aayusin; **Rec. Perf.** kaaáyos
	DF		**Inf.** ayúsan; **Perf.** inayusan; **Imperf.** inaayusan; **Cont.** aayusan
	BF		**Inf.** ipag-áyos; **Perf.** ipinag-ayos; **Imperf.** ipinag-aayos; **Cont.** ipag-aayos
Aptative	AF		**Inf.** makapag-áyos; **Perf.** nakapag-ayos; **Imperf.** nakakapag-ayos/nakapag-aayos; **Cont.** makakapag-ayos/makapag-aayos
	OF		maáyos; **Perf.** naayos; **Imperf.** naaayos; **Cont.** maaayos

Causative	A_1F	**Inf.** magpaáyos; **Perf.** nagpaayos; **Imperf.** nagpapaayos; **Cont.** magpapaayos
	A_2F	**Inf.** (pa)pag-ayúsin; **Perf.** pinapag-áyos/pinag-áyos; **Imperf.** pinapapag-ayos/pinapag-aayos/pinag-aayos; **Cont.** papapag-ayusin/papag-aayusin/pag-aayusin
	OF	**Inf.** ipaáyos; **Perf.** ipinaayos; **Imperf.** ipinapaayos/ipinaaayos; **Cont.** ipapaayos/ipaaayos
	DF	**Inf.** paayúsan; **Perf.** pinaayusan; **Imperf.** pinapaayusan/pinaaayusan; **Cont.** papaayusan/paaayusan
	BF	**Inf.** ipagpaáyos; **Perf.** ipinagpaayos; **Imperf.** ipinagpapaayos/ipinagpaaayos; **Cont.** ipagpapaayos/ipagpaaayos
Aptative-Causative	OF	**Inf.** maipaáyos; **Perf.** naipaayos; **Imperf.** naipaaayos; **Cont.** maipaaayos

BABA'

                        ACT
                        -um-   "go or come down"

Indicative   AF   **Inf.** bumabá'; **Perf.** bumaba';
                              Imperf. bumababa'; **Cont.** bababa';
                              Rec. Perf. kabábaba'

Aptative   AF   **Inf.** makababá'; **Perf.** nakababa';
                              Imperf. nakakababa'/nakabababa';
                              Cont. makakababa'/makabababa'

Causative A_1F **Inf.** magpababá'; **Perf.** nagpababa';
                              Imperf. nagpapababa'/nagpabababa';
                              Cont. magpapababa'/magpabababa'

                      A_2F **Inf.** pababain; **Perf.** pinababá';
                              Imperf. pinapababa'/pinabababa';
                              Cont. papababain/pabababain

                        ACT OBJ DIR
                        mag- -i   -an   "bring down"

Indicative   AF   **Inf.** magbabá'; **Perf.** nagbaba';
                              Imperf. nagbababa'; **Cont.** magba-
                              baba; **Rec. Perf.** kabábaba'
                 OF   **Inf.** ibabá'; **Perf.** ibinaba'
                              Imperf. ibinababa'; **Cont.** ibababa'

	DF	**Inf.** babaán; **Perf.** binabaan; **Imperf.** binababaan; **Cont.** bababaan
Aptative	AF	**Inf.** makapagbabá'; **Perf.** nakapagbaba'; **Imperf.** nakakapagbaba'/nakapagbababa'; **Cont.** makakapagbaba/makapagbababa'
	OF	**Inf.** maibabá'; **Perf.** naibaba'; **Imperf.** naibababa';**Cont.** maibababa'
	DF	**Inf.** mababaán; **Perf.** nababaan; **Imperf.** nabababaan; **Cont.** mabababaan
Causative	A_1F	**Inf.** magpababá'; **Perf.** nagpababa'; **Imperf.** nagpapababa'/nagpabababa'; **Cont.** magpapababa'/magpabababa'
	A_2F	**Inf.** (pa)pagbabain; **Perf.** pinagbabá'/pinapagbabá'; **Imperf.** pinagbababa'/pinapagbababa/pinapapagbaba'; **Cont.** pagbabababain/papagbababain/papapagbabain
	OF	**Inf.** ipababá'; **Perf.** ipinababa'; **Imperf.** ipinapababa'/ipinabababa'; **Cont.** ipapababa'/ipabababa'
	DF	**Inf.** pababaán; **Perf.** pinababaan; **Imperf.** pinapababaan/pinabababaan; **Cont.** papababaan/pabababaan

                    ACT_u   REA
                    -um-   ika-   "become low or lower"

Indicative   AF   **Inf.** bumába'; **Perf.** bumaba';
                      Imperf. bumababa'; **Cont.** bababa';
                      Rec. Perf. kababába'

                RF   **Inf.** ikabába'; **Perf.** ikinababa';
                      Imperf. ikinakababa'/ikinabababa';
                      Cont. ikakababa'/ikabababa'

Aptative   RF   **Inf.** ma(i)kabába'; **Perf.** na(i)kababa'; **Imperf.** na(i)kakababa'/na-(i)kabababa'; **Cont.** ma(i)kakababa'/ma(i)kabababa'

                                                BALIK
                    ACT   DIR
                    mag-/-um-   -an   "return, come back"

Indicative   AF   **Inf.** magbalík; **Perf.** nagbalik;
                      Imperf. nagbabalik; **Cont.** magbabalik; **Rec. Perf.** kabábalik

                AF   **Inf.** bumalík; **Perf.** bumalik;
                      Imperf. bumabalik; **Cont.** babalik;
                      Rec. Perf. kabábalik

                DF   **Inf.** balikán; **Perf.** binalikan;
                      Imperf. binabalikan; **Cont.** babalikan

Aptative	AF	**Inf.** makabalík; **Perf.** nakabalik; **Imperf.** nakakabalik/nakababalik; **Cont.** makakabalik/makababalik
	DF	**Inf.** mabalikán; **Perf.** nabalikan; **Imperf.** nababalikan; **Cont.** mababalikan
Causative	A₁F	**Inf.** magpabalík; **Perf.** nagpabalik; **Imperf.** nagpapabalik; **Cont.** magpapabalik
	A₂F	**Inf.** (pa)pagbalikín; **Perf.** pinapagbalík/pinagbalík; **Imperf.** pinapapagbalik/pinapagbabalik/pinagbabalik; **Cont.** papapagbalikin/papagbabalikin/pagbabalikin
	DF	**Inf.** pabalikán; **Perf.** pinabalikan; **Imperf.** pinapabalikan/pinababalikan; **Cont.** papabalikan/pababalikan

	ACT	OBJ	
	mag-	i-	"return/bring back"

Indicative	AF	**Inf.** magbalík; **Perf.** nagbalik; **Imperf.** nagbabalik; **Cont.** magbabalik
	OF	**Inf.** ibalík; **Perf.** ibinalik; **Imperf.** ibinabalik; **Cont.** ibabalik; **Rec. Perf.** kabábalik

Aptative	AF	**Inf.** makapagbalik; **Perf.** nakapagbalik; **Imperf.** nakakapagbalik/nakapagbabalik; **Cont.** makakapagbalik/makapagbabalik
	OF	**Inf.** maibalik; **Perf.** naibalik; **Imperf.** naibabalik; **Cont.** maibabalik
Causative	AF	**Inf.** magpabalik; **Perf.** nagpabalik; **Imperf.** nagpapabalik; **Cont.** magpapabalik
	A_2F	**Inf.** (pa)pagbalikin; **Perf.** pinagbalik/pinapagbalik; **Imperf.** pinagbabalik/pinapagbabalik; **Cont.** pagbabalikin/papagbabalikin
	OF	**Inf.** ipabalik; **Perf.** ipinabalik; **Imperf.** ipinapabalik/ipinababalik; **Cont.** ipapabalik/ipababalik

BALITA'

ACT	OBJ	DIR	
mag-	i-	-an	"report"

Indicative	AF	**Inf.** magbalita'; **Perf.** nagbalita'; **Imperf.** nagbabalita'; **Cont.** magbabalita'; **Rec. Perf.** kabábalita'
	OF	**Inf.** ibalita'; **Perf.** ibinalita'; **Imperf.** ibinabalita'; **Cont.** ibabalita'

	DF	**Inf.** balitáan; **Perf.** binalitaan; **Imperf.** binabalitaan; **Cont.** babalitaan
Aptative	AF	**Inf.** makapagbalita'; **Perf.** nakapagbalita'; **Imperf.** nakakapagbalita'/nakapagbabalita'; **Cont.** makakapagbalita'/makapagbabalita'
	OF	**Inf.** maibalita'; **Perf.** naibalita'; **Imperf.** naibabalita'; **Cont.** maibabalita'
	DF	**Inf.** mabalitáan; **Perf.** nabalitaan; **Imperf.** nababalitaan; **Cont.** mababalitaan
Causative	A_1F	**Inf.** magpabalíta'; **Perf.** nagpabalita'; **Imperf.** nagpapabalita'; **Cont.** magpapabalita'
	A_2F	**Inf.** (pa)pagbalitáin; **Perf.** pinapagbalita'/pinagbalíta'; **Imperf.** pinapapagbalita'/pinapagbabalita'/pinagbabalita'; **Cont.** papapagbalitain/papagbabalitain/pagbabalitain
	OF	**Inf.** ipabalíta'; **Perf.** ipinabalita'; **Imperf.** ipinapabalita'/ipinababalita'; **Cont.** ipapabalita'/ipababalita'
	DF	**Inf.** pabalitáan; **Perf.** pinabali-

taan; **Imperf.** pinapabalitaan/pinababalitaan; **Cont.** papabalitaan/pababalitaan

	ACT	OBJ	
	maka-	ma- -an	"hear as rumor"

Accidental AF **Inf.** makabalita'; **Perf.** nakabalita'; **Imperf.** nakakabalita'/nakababalita'; **Cont.** makakabalita'/makakabalita'

OF **Inf.** mabalitáan; **Perf.** nabalitaan; **Imperf.** nababalitaan; **Cont.** mababalitaan

BASA

	ACT	OBJ	DIR	
	-um-	-in	-an	"read"

Indicative AF **Inf.** bumása; **Perf.** bumasa; **Imperf.** bumabasa; **Cont.** babasa; **Rec. Perf.** kababása

OF **Inf.** basáhin; **Perf.** binása; **Imperf.** binabasa; **Cont.** babasahin

DF **Inf.** basáhan; **Perf.** binasahan; **Imperf.** binabasahan; **Cont.** babasahan

Aptative	AF	**Inf.** makabása; **Perf.** nakabasa; **Imperf.** nakakabasa/nakababasa; **Cont.** makakabasa/makababasa
	OF	**Inf.** mabása; **Perf.** nabasa; **Imperf.** nababasa; **Cont.** mababasa
	DF	**Inf.** mabasáhan; **Perf.** nabasahan; **Imperf.** nababasahan; **Cont.** mababasahan
Causative	A_1F	**Inf.** magpabása; **Perf.** nagpabasa; **Imperf.** nagpapabasa; **Cont.** magpapabasa
	A_2F	**Inf.** pabasáhin; **Perf.** pinabása; **Imperf.** pinapabasa/pinababasa; **Cont.** papabasahin/pababasahin
	OF	**Inf.** ipabása; **Perf.** ipinabasa; **Imperf.** ipinapabasa/ipinababasa; **Cont.** ipapabasa/ipababasa
	DF	**Inf.** pabasáhan; **Perf.** pinabasahan; **Imperf.** pinapabasahan/pinababasahan; **Cont.** papabasahan/pababasahan
Intensive	AF	**Inf.** magbasá; **Perf.** nagbasa; **Imperf.** nagbabasa; **Cont.** magbabasa
Intensive-Aptative	AF	**Inf.** makapagbasá; **Perf.** nakapagbasa; **Imperf.** nakakapagbasa/nakapagbabasa; **Cont.** makakapagbasa/makapagbabasa

  BASAG

                  ACT   OBJ
                  (-um-) -in   "break glassware,
                                  earthenware, etc."

Indicative   OF   **Inf.** baságin; **Perf.** binásag;
                    Imperf. binabasag; **Cont.** babasa-
                    gin; **Rec. Perf.** kababásag
Causative A_1F **Inf.** magpabásag; **Perf.** nagpabasag;
                    Imperf. nagpapabasag; **Cont.** mag-
                    papabasag
              A_2F **Inf.** pabaságin; **Perf.** pinabásag;
                    Imperf. pinapabasag/pinababasag;
                    Cont. papabasagin/pababasagin
              OF   **Inf.** ipabásag; **Perf.** ipinabasag;
                    Imperf. ipinapabasag/ipinababasag;
                    Cont. ipapabasag/ipababasag
Accidental   AF   **Inf.** makabásag; **Perf.** nakabasag;
                    Imperf. nakakabasag/nakababasag;
                    Cont. makakabasag/makababasag
              OF   **Inf.** mabásag; **Perf.** nabasag;
                    Imperf. nababasag; **Cont.** mababasag
Intensive   AF   **Inf.** magbaság; **Perf.** nagbasag;
                    Imperf. nagbabasag; **Cont.** magba-
                    basag

BATI'

		ACT	DIR	
		-um-	-in	"greet"

Indicative	AF		**Inf.** bumáti'; **Perf.** bumati'; **Imperf.** bumabati'; **Cont.** babati'; **Rec. Perf.** kababáti';
	DF		**Inf.** batíin; **Perf.** bináti'; **Imperf.** binabati'; **Cont.** babatiin
Aptative	AF		**Inf.** makabáti'; **Perf.** nakabati'; **Imperf.** nakakabati'/nakababati'; **Cont.** makakabati'/makababati'
	DF		**Inf.** mabáti'; **Perf.** nabati'; **Imperf.** nababati'; **Cont.** mababati'
Causative	A_1F		**Inf.** magpabáti'; **Perf.** nagpabati'; **Imperf.** nagpapabati'; **Cont.** magpapabati'
	A_2F		**Inf.** pabatíin; **Perf.** pinabáti'; **Imperf.** pinapabati'/pinababati'; **Cont.** papabatiin/pababatiin
	DF		**Inf.** ipabáti'; **Perf.** ipinabati'; **Imperf.** ipinapabati'/ipinababati'; **Cont.** ipapabati'/ipababati'
Reciprocal	AF		(pl.) **Inf.** magbatián; **Perf.** nagbatian; **Imperf.** nagbabatian; **Cont.** magbabatian

                              ACT

                              mag-   "become friends again"

Indicative   AF   **Inf.** magbatí'; **Perf.** nagbatí';
                         Imperf. nagbabatí'; **Cont.** magba-
                         batí; **Rec. Perf.** kapagbábatí'

Aptative-   OF   **Inf.** mapagbatí'; **Perf.** napagbatí';
Causative   **Imperf.** napapagbatí'/napagbabatí';
                         Cont. mapapagbatí'/mapagbabatí'

                                                        BAWAL
                         ACT   OBJ   DIR
                         mag-   i-   -an   "forbid"

Indicative   AF   **Inf.** magbáwal; **Perf.** nagbawal;
                         Imperf. nagbabawal; **Cont.** mag-
                         babawal; **Rec. Perf.** kababáwal

                   OF   **Inf.** ibáwal **Perf.** ibinawal;
                         Imperf. ibinabawal; **Cont.** ibabawal

                   DF   **Inf.** bawálan; **Perf.** binawalan;
                         Imperf. binabawalan; **Cont.** baba-
                         walan

Aptative   AF   **Inf.** makapagbáwal; **Perf.** nakapag-
                         bawal; **Imperf.** nakakapagbawal/
                         nakapagbabawal; **Cont.** makakapag-
                         bawal/makapagbabawal

	OF	**Inf.** maibáwal; **Perf.** naibawal; **Imperf.** naibabawal; **Cont.** maibabawal
	DF	**Inf.** mabawálan; **Perf.** nabawalan; **Imperf.** nababawalan; **Cont.** mababawalan
Causative	A₁F	**Inf.** magpabáwal; **Perf.** nagpabawal; **Imperf.** nagpapabawal; **Cont.** magpapabawal
	A₂F	**Inf.** (pa)pagbawálin; **Perf.** pinapagbáwal/pinagbáwal; **Imperf.** pinapapagbawal/pinapagbabawal/pinagbabawal; **Cont.** papapagbawalin/papagbabawalin/pagbabawalin
	OF	**Inf.** ipagpabáwal; **Perf.** ipinagpabawal; **Imperf.** ipinagpapabawal/ipinapagpabawal; **Cont.** ipagpapabawal/ipapagpabawal
	DF	**Inf.** papagbawálan; **Perf.** pinapagbawalan; **Imperf.** pinapapagbawalan; **Cont.** papapagbawalan

   BAYAD

	ACT	DIR	BF	INS	
	mag-	-an	i(pag)-	i(pang)-	"pay"

Indicative   AF   **Inf.** magbáyad; **Perf.** nagbayad; **Imperf.** nagbabayad; **Cont.** magbabayad; **Rec. Perf.** kababáyad

DF   **Inf.** bayáran; **Perf.** binayaran; **Imperf.** binabayaran; **Cont.** babayaran

BF   **Inf.** ibáyad/ipagbáyad; **Perf.** ibinayad/ipinagbayad; **Imperf.** ibinabayad/ipinagbabayad; **Cont.** ibabayad/ipagbabayad

IF   **Inf.** ibáyad/ipambáyad; **Perf.** ibinayad/ipinambayad; **Imperf.** ibinabayad/ipinambabayad; **Cont.** ibabayad/ipambabayad

Aptative   AF   **Inf.** makapagbáyad; **Perf.** nakapagbayad; **Imperf.** nakakapagbayad/nakapagbabayad; **Cont.** makakapagbayad/makapagbabayad

OF   **Inf.** maibáyad; **Perf.** naibayad; **Imperf.** naibabayad; **Cont.** maibabayad

DF   **Inf.** mabayáran; **Perf.** nabayaran;

		Imperf. nababayaran; **Cont.** mababayaran
	IF	**Inf.** maipambáyad; **Perf.** naipambayad; **Imperf.** naipapambayad/naipambabayad; **Cont.** maipapambayad/maipambabayad
Causative	A₁F	**Inf.** magpabáyad; **Perf.** nagpabayad; **Imperf.** nagpapabayad; **Cont.** magpapabayad
	A₂F	**Inf.** (pa)pagbayárin; **Perf.** pinapagbáyad/pinagbáyad; **Imperf.** pinapapagbayad/pinapagbabayad/pinagbabayad; **Cont.** papapagbayarin/papagbabayarin/pagbabayarin
	OF	**Inf.** ipabáyad; **Perf.** ipinabayad; **Imperf.** ipinapabayad/ipinababayad; **Cont.** ipapabayad/ipababayad
	DF	**Inf.** pabayáran; **Perf.** pinabayaran; **Imperf.** pinapabayaran/pinababayaran; **Cont.** papabayaran/pababayaran
	BF	**Inf.** ipagpabáyad; **Perf.** ipinagpabayad; **Imperf.** ipinagpapabayad/ipinapagpabayad; **Cont.** ipagpapabayad/ipapagpabayad
	IF	**Inf.** ipapambáyad; **Perf.** ipinapambayad; **Imperf.** ipinapapambayad; **Cont.** ipapapambayad

BIGAY

	ACT	OBJ	DIR	
	mag-	i-	-an	"give"

Indicative　　AF　**Inf.** magbigáy, **Perf.** nagbigay; **Imperf.** nagbibigay; **Cont.** magbibigay; **Rec. Perf.** kabíbigay

　　　　　　　OF　**Inf.** ibigáy; **Perf.** ibinigay; **Imperf.** ibinibigay; **Cont.** ibibigay

　　　　　　　DF　**Inf.** bigyán; **Perf.** binigyan; **Imperf.** binibigyan; **Cont.** bibigyan

Aptative　　　AF　**Inf.** makapagbigáy; **Perf.** nakapagbigay; **Imperf.** nakakapagbigay/nakapagbibigay; **Cont.** makakapagbigay/makapagbibigay

　　　　　　　OF　**Inf.** máibigay; **Perf.** naibigay; **Imperf.** naibibigay; **Cont.** maibibigay

　　　　　　　DF　**Inf.** mabigyán; **Perf.** nabigyan; **Imperf.** nabibigyan; **Cont.** mabibigyan

Causative　　 A_1F　**Inf.** magpabigáy; **Perf.** nagpabigay; **Imperf.** nagpapabigay; **Cont.** magpapabigay

　　　　　　　A_2F　**Inf.** (pa)pagbigayín; **Perf.** pinapagbigáy/pinagbigáy; **Imperf.** pina-

		papagbigay/pinapagbibigay/pinagbibigay; **Cont.** papapagbigayin/papagbibigayin/pagbibigayin
	OF	**Inf.** ipabigáy; **Perf.** ipinabigay; **Imperf.** ipinapabigay/ipinabibigay; **Cont.** ipapabigay/ipabibigay
	DF	**Inf.** pabigyán; **Perf.** pinabigyan; **Imperf.** pinapabigyan/pinabibigyan; **Cont.** papabigyan/pabibigyan

BIGO'

ACT_u

ma—   "be disappointed, frustrated"

Indicative	AF	**Inf.** mabigó'; **Perf.** nabigo'; **Imperf.** nabibigo'; **Cont.** mabibigo'; **Rec. Perf.** kabíbigo'

OBJ

-in   "disappoint"

Indicative	OF	**Inf.** biguín; **Perf.** binigó'; **Imperf.** binibigo'; **Cont.** bibiguin

  BIHIS

  ACT   OBJ   DIR
  mag- i-   -an   "dress or change
                       clothes"

Indicative   AF   **Inf.** magbíhis; **Perf.** nagbihis; **Imperf.** nagbibihis; **Cont.** magbibihis; **Rec. Perf.** kabibíhis

             OF   **Inf.** ibíhis; **Perf.** ibinihis; **Imperf.** ibinibihis; **Cont.** ibibihis

             DF   **Inf.** bihísan; **Perf.** binihisan; **Imperf.** binibihisan; **Cont.** bibihisan

Aptative   AF   **Inf.** makapagbíhis; **Perf.** nakapagbihis; **Imperf.** nakakapagbihis/nakapagbibihis; **Cont.** makakapagbihis/makapagbibihis

             OF   **Inf.** maibíhis; **Perf.** naibihis; **Imperf.** naibibihis; **Cont.** maibibihis

             DF   **Inf.** mabihísan; **Perf.** nabihisan; **Imperf.** nabibihisan; **Cont.** mabibihisan

Causative A_1F **Inf.** magpabíhis; **Perf.** nagpabihis; **Imperf.** nagpapabihis; **Cont.** magpapabihis

        A₂F   **Inf.** (pa)pagbihísin; **Perf.** pina-
               pagbíhis/pinagbíhis; **Imperf.** pina-
               papagbihis/pinapagbibihis/pinag-
               bibihis; **Cont.** papapagbihisin/
               papagbibihisin/pagbibihisin

        OF   **Inf.** ipabíhis; **Perf.** ipinabihis;
               Imperf. ipinapabihis/ipinabibihis;
               Cont. ipapabihis/ipabibihis

        DF   **Inf.** pabihísan; **Perf.** pinabihisan;
               Imperf. pinapabihisan/pinabibi-
               hisan; **Cont.** papabihisan/pabibi-
               hisan

                                          BILANG

        ACT   OBJ   DIR
        -um- -in   -an   "count"

Indicative   AF   **Inf.** bumílang; **Perf.** bumilang;
                       Imperf. bumibilang; **Cont.** bibi-
                       lang; **Rec. Perf.** kabibílang

                 OF   **Inf.** bilángin; **Perf.** binílang;
                       Imperf. binibilang; **Cont.** bibi-
                       langin

                 DF   **Inf.** bilángan; **Perf.** binilangan;
                       Imperf. binibilangan; **Cont.** bibi-
                       langan

Aptative   AF   **Inf.** makabílang; **Perf.** nakabilang;

		Imperf. nakakabilang/nakabibilang; Cont. makakabilang/makabibilang
	OF	**Inf.** mabilang; **Perf.** nabilang; **Imperf.** nabibilang; **Cont.** mabibilang
	DF	**Inf.** mabilángan; **Perf.** nabilangan; **Imperf.** nabibilangan; **Cont.** mabibilangan
Causative	A_1F	**Inf.** magpabilang; **Perf.** nagpabilang; **Imperf.** nagpapabilang; **Cont.** magpapabilang
	A_2F	**Inf.** pabilángin; **Perf.** pinabilang; **Imperf.** pinapabilang/pinabibilang; **Cont.** papabilangin/pabibilangin
	OF	**Inf.** ipabilang; **Perf.** ipinabilang; **Imperf.** ipinapabilang/ipinabibilang; **Cont.** ipapabilang/ipabibilang
	DF	**Inf.** pabilángan; **Perf.** pinabilangan; **Imperf.** pinabibilangan; **Cont.** pabibilangan
Intensive	AF	**Inf.** magbiláng; **Perf.** nagbilang; **Imperf.** nagbibilang; **Cont.** magbibilang

BILI

		ACT	OBJ	DIR	BEN	INS	
		-um-	-in	-an	i-	ipang-	"buy"

Indicative   AF   **Inf.** bumili; **Perf.** bumili; **Imperf.** bumibili; **Cont.** bibili; **Rec. Perf.** kabíbili

               OF   **Inf.** bilhín; **Perf.** binilí; **Imperf.** binibili; **Cont.** bibilhin

               DF   **Inf.** bilhán; **Perf.** binilhan; **Imperf.** binibilhan; **Cont.** bibilhan

               BF   **Inf.** ibili; **Perf.** ibinili; **Imperf.** ibinibili; **Cont.** ibibili

               IF   **Inf.** ipambili; **Perf.** ipinambili; **Imperf.** ipinapambili/ipinambibili; **Cont.** ipapambili/ipambibili

Aptative   AF   **Inf.** makabili; **Perf.** nakabili; **Imperf.** nakakabili/nakabibili; **Cont.** makakabili/makabibili

               OF   **Inf.** mabili; **Perf.** nabili; **Imperf.** nabibili; **Cont.** mabibili

               DF   **Inf.** mabilhán; **Perf.** nabilhan; **Imperf.** nabibilhan; **Cont.** mabibilhan

               BF   **Inf.** máibili; **Perf.** naibili; **Imperf.** naibibili; **Cont.** maibibili

Causative	IF	**Inf.** maipambili; **Perf.** naipambili; **Imperf.** naipapambili/naipambibili; **Cont.** maipapambili/maipambibili
	A₁F	**Inf.** magpabili; **Perf.** nagpabili; **Imperf.** nagpapabili; **Cont.** magpapabili
	A₂F	**Inf.** pabilhin; **Perf.** pinabili; **Imperf.** pinapabili/pinabibili; **Cont.** papabilhin/pabibilhin
	OF	**Inf.** ipabili; **Perf.** ipinabili; **Imperf.** ipinapabili/ipinabibili; **Cont.** ipapabili/ipabibili
	DF	**inf.** pabilhán; **Perf.** pinabilhan; **Imperf.** pinapabilhan/pinabibilhan; **Cont.** papabilhan/pabibilhan
Distributive	AF	**Inf.** mamili; **Perf.** namili; **Imperf.** namimili; **Cont.** mamimili; **Rec. Perf.** kapápamili

PAGBILI

ACT	OBJ	DIR	
m-	i-	-an	"sell"

Indicative	AF	**Inf.** magbili; **Perf.** nagbili; **Imperf.** nagbibili; **Cont.** magbibili
	OF	**Inf.** ipagbili; **Perf.** ipinagbili; **Imperf.** ipinagbibili; **Cont.** ipagbibili

	DF	**Inf.** pagbilhán; **Perf.** pinagbilhan; **Imperf.** pinagbibilhan; **Cont.** pagbibilhan
Aptative	AF	**Inf.** makapagbilí; **Perf.** nakapagbili; **Imperf.** nakakapagbili/nakapagbibili; **Cont.** makakapagbili/makapagbibili
	OF	**Inf.** maipagbilí; **Perf.** naipagbili; **Imperf.** naipagbibili; **Cont.** maipagbibili
	DF	**Inf.** mapagbilhán; **Perf.** napagbilhan; **Imperf.** napagbibilhan; **Cont.** mapagbibilhan

BIRO'

	ACT	DIR	
	-um-	-in	"joke, tease"

Indicative	DF	**Inf.** birúin; **Perf.** biniro; **Imperf.** binibiro'; **Cont.** bibiruin; **Rec. Perf.** kabibiro'
Aptative	AF	**Inf.** makabiro'; **Perf.** nakabiro'; **Imperf.** nakakabiro'/nakabibiro' **Cont.** makakabiro'/makabibiro'
	OF	**Inf.** mabiro'; **Perf.** nabiro'; **Imperf.** nabibiro'; **Cont.** mabibiro'

Causative	AF	**Inf.** magpabiro'; **Perf.** nagpabiro'; **Imperf.** nagpapabiro'; **Cont.** magpapabiro'
	OF	**Inf.** ipabiro'; **Perf.** ipinabiro'; **Imperf.** ipinapabiro'/ipinabibiro'; **Cont.** ipapabiro'/ipabibiro'
Intensive	AF	**Inf.** magbiró'; **Perf.** nagbiro'; **Imperf.** nagbibiro'; **Cont.** magbibiro'
Reciprocal	AF	(pl.) **Inf.** magbiruán; **Perf.** nagbiruan; **Imperf.** nagbibiruan; **Cont.** magbibiruan

BUHAT

ACT	OBJ	INS	
-um-	-in	ipang-	"lift, raise up"

Indicative	AF	**Inf.** bumúhat; **Perf.** bumuhat; **Imperf.** bumubuhat; **Cont.** bubuhat; **Rec. Perf.** kabubúhat
	OF	**Inf.** buhátin; **Perf.** binúhat; **Imperf.** binubuhat; **Cont.** bubuhatin
	IF	**Inf.** ipambúhat; **Perf.** ipinambuhat; **Imperf.** ipinambubuhat; **Cont.** ipambubuhat
Aptative	AF	**Inf.** makabúhat; **Perf.** nakabuhat;

		Imperf. nakakabuhat/nakabubuhat; **Cont.** makakabuhat/makabubuhat
	OF	**Inf.** mabúhat; **Perf.** nabuhat; **Imperf.** nabubuhat; **Cont.** mabubuhat
	IF	**Inf.** maipambúhat; **Perf.** naipambubuhat; **Imperf.** naipambubuhat; **Cont.** maipambubuhat
Causative	A₂F	**Inf.** magpabúhat; **Perf.** nagpabuhat; **Imperf.** nagpapabuhat; **Cont.** magpapabuhat
	A₂F	**Inf.** pabuhátin; **Perf.** pinabúhat; **Imperf.** pinapabuhat/pinabubuhat; **Cont.** papabuhatin/pabubuhatin
	OF	**Inf.** ipabúhat; **Perf.** ipinabuhat; **Imperf.** ipinapabuhat/ipinabubuhat; **Cont.** ipapabuhat/ipabubuhat
	IF	**Inf.** ipapambúhat; **Perf.** ipinapambuhat; **Imperf.** ipinapapambuhat; **Cont.** ipapapambuhat

BUHAY

ACT_u

ma-   "have life, live"

Indicative	AF	**Inf.** mabúhay; **Perf.** nabuhay; **Imperf.** nabubuhay; **Cont.** mabubuhay

	ACT	OBJ	
	-um-	-in	"support, bring to life"

Indicative	AF	**Inf.** bumúhay; **Perf.** bumuhay; **Imperf.** bumubuhay; **Cont.** bubuhay; **Rec. Perf.** kabubúhay
	OF	**Inf.** buháyin; **Perf.** binúhay **Imperf.** binubuhay; **Cont.** bubuhayin
Aptative	AF	**Inf.** makabúhay; **Perf.** nakabuhay; **Imperf.** nakakabuhay/nakabubuhay; **Cont.** makakabuhay/makabubuhay
	OF	**Inf.** mabúhay; **Perf.** nabuhay; **Imperf.** nabubuhay; **Cont.** mabubuhay

	ACT	
	mang-	"live, reside in a certain place"

Indicative	AF	**Inf.** mamúhay; **Perf.** namuhay; **Imperf.** namumuhay; **Cont.** mamumuhay

  BUKAS

| | | ACT | OBJ | BEN | |
| | | mag- | -an/i- | ipag- | "open" |

Indicative   AF   **Inf.** magbukás; **Perf.** nagbukas; **Imperf.** nagbubukas; **Cont.** magbubukas; **Rec. Perf.** kabúbukas

                 OF   **Inf.** buksán; **Perf.** binuksan; **Imperf.** binubuksan; **Cont.** bubuksan

                 or

                 OF   **Inf.** ibukás; **Perf.** ibinukas; **Imperf.** ibinubukas; **Cont.** ibubukas

                 BF   **Inf.** ipagbukás; **Perf.** ipinagbukas; **Imperf.** ipinagbubukas; **Cont.** ipagbubukas

Aptative   AF   **Inf.** makapagbukás; **Perf.** nakapagbukas; **Imperf.** nakakapagbukas/nakapagbubukas; **Cont.** makakapagbukas/makapagbubukas

                 OF   **Inf.** mabuksán; **Perf.** nabuksan; **Imperf.** nabubuksan; **Cont.** mabubuksan

                 or

                 OF   **Inf.** maibukás; **Perf.** naibukas; **Imperf.** naibubukas; **Cont.** maibubukas

Causative	BF	**Inf.** maipagbukás; **Perf.** naipagbukas; **Imperf.** naipagbubukas; **Cont.** maipagbubukas
	A₁F	**Inf.** magpabukás; **Perf.** nagpabukas; **Imperf.** nagpapabukas; **Cont.** magpapabukas
	A₂F	**Inf.** (pa)pagbuk(a)sín; **Perf.** pinapagbukás/pinagbukás; **Imperf.** pinapapagbukas/pinapagbubukas/pinagbubukas; **Cont.** papapagbuk(a)sin/ papagbubuk(a)sin/pagbubuk(a)sin
	OF	**Inf.** ipabukás; **Perf.** ipinabukas; **Imperf.** ipinapabukas/ipinabubukas; **Cont.** ipapabukas/ipabubukas

           OBJ

-um-   "open" (intransitive)

Indicative	OF	**Inf.** bumukás; **Perf.** bumukas; **Imperf.** bumubukas; **Cont.** bubukas; **Rec. Perf.** kabúbukas

BURA

		ACT	OBJ	INS	
		mag-	-in	ipang-	"erase"

Indicative	AF	**Inf.** magburá; **Perf.** nagbura; **Imperf.** nagbubura; **Cont.** magbubura; **Rec. Perf.** kabúbura
	OF	**Inf.** burahín; **Perf.** binurá; **Imperf.** binubura; **Cont.** buburahin
	IF	**Inf.** ipamburá; **Perf.** ipinambura; **Imperf.** ipinambubura; **Cont.** ipambubura
Aptative	AF	**Inf.** makapagburá; **Perf.** nakapagbura; **Imperf.** nakakapagbura/nakapagbubura; **Cont.** makakapagbura/makapagbubura
	OF	**Inf.** maburá; **Perf.** nabura; **Imperf.** nabubura; **Cont.** mabubura
	IF	**Inf.** maipamburá; **Perf.** naipambura; **Imperf.** naipambubura; **Cont.** maipambubura
Causative	A₁F	**Inf.** magpaburá; **Perf.** nagpabura; **Imperf.** nagpapabura; **Cont.** magpapabura
	A₂F	**Inf.** (pa)pagburahín; **Perf.** pinapagburá/pinagburá; **Imperf.** pinapa-

pagbura/pinapagbubura/pinagbubura;
Cont. papapagburahin/papagbuburahin/pagbuburahin

OF   **Inf.** ipaburá; **Perf.** ipinabura;
Imperf. ipinapabura/ipinabubura;
Cont. ipapabura/ipabubura

BUSOG

ACT_u REA

ma-   ika-   "be full (after eating)"

Indicative	AF	**Inf.** mabusóg; **Perf.** nabusog; **Imperf.** nabubusog; **Cont.** mabubusog
	RF	**Inf.** ikabusóg; **Perf.** ikinabusog; **Imperf.** ikinakabusog/ikinabubusog; **Cont.** ikakabusog/ikabubusog
Aptative	RF	**Inf.** makabusóg; **Perf.** nakabusog; **Imperf.** nakakabusog/nakabubusog; **Cont.** makakabusog/makabubusog
Causative	A_1F	**Inf.** magpakabusóg; **Perf.** nagpakabusog; **Imperf.** nagpapakabusog; **Cont.** magpapakabusog

  DAAN

                        ACT   DIR
                   -um-/mag-   -an   "pass"

Indicative   AF   **Inf.** dumaán; **Perf.** dumaan; **Imperf.**
                    dumaraan; **Cont.** daraan
               or
               AF   **Inf.** magdaán; **Perf.** nagdaan;
                    Imperf. nagdaraan; **Cont.**
                    magdaraan; **Rec. Perf.** kadáraan
               DF   **Inf.** daánan; **Perf.** dinaanan;
                    Imperf. dinaraanan; **Cont.** daraanan

Aptative   AF   **Inf.** makaraán; **Perf.** nakaraan;
                    Imperf. nakakaraan/nakararaan;
                    Cont. makakaraan/makararaan
               DF   **Inf.** maraánan; **Perf.** naraanan;
                    Imperf. nararaanan; **Cont.** mararaanan

Causative A_1F **Inf.** magparaán; **Perf.** nagparaan;
                    Imperf. nagpaparaan; **Cont.**
                    magpaparaan
               A_2F **Inf.** paraánin; **Perf.** pinaraan;
                    Imperf. pinaparaan/pinararaan;
                    Cont. paparaanin/pararaanin

Involuntary   AF   **Inf.** maparaán; **Perf.** naparaan;
                    Imperf. napaparaan/napararaan;
                    Cont. mapaparaan/mapararaan

	DF	Inf. maparaanán; Perf. naparaanan; Imperf. napararaanan; Cont. mapararaanan

DAGDAG

ACT	OBJ	DIR	
mag-	i-	-an	"add, increase"

Indicative	AF	Inf. magdagdág; Perf. nagdagdag; Imperf. nagdaragdag; Cont. magdaragdag; Rec. Perf. kadaragdág
	OF	Inf. idagdág; Perf. idinagdag; Imperf. idinaragdag; Cont. idaragdag
	DF	Inf. dagdagán; Perf. dinagdagan; Imperf. dinaragdagan; Cont. daragdagan
Aptative	AF	Inf. makapagdagdág; Perf. nakapagdagdag; Imperf. nakakapagdagdag/nakapagdaragdag; Cont. makakapagdagdag/makapagdaragdag
	OF	Inf. maidagdág; Perf. naidagdag; Imperf. naidaragdag; Cont. maidaragdag
	DF	Inf. madagdagán; Perf. nadagdagan; Imperf. nadaragdagan; Cont. madaragdagan

Causative	A_1F	**Inf.** magpadagdág; **Perf.** nagpadagdag; **Imperf.** nagpapadagdag/nagpadaragdag; **Cont.** magpapadagdag/magpadaragdag
	A_2F	**Inf.** (pa)pagdagdagín; **Perf.** pinapagdagdág/pinagdagdág; **Imperf.** pinapapagdagdag/pinapagdaragdag/pinagdaragdag; **Cont.** papapagdagdagin/papagdaragdagin/pagdaragdagin
	OF	**Inf.** ipadagdág; **Perf.** ipinadagdag; **Imperf.** ipinapadagdag/ipinadaragdag; **Cont.** ipapadagdag/ipadaragdag
	DF	**Inf.** padagdagán; **Perf.** pinadagdagan; **Imperf.** pinapadagdagan/pinadaragdagan; **Cont.** papadagdagan/padaragdagan

DALA

	ACT	OBJ	DIR	BEN	
	mag-	-in	-an	ipag-	"carry, bring"

Indicative	AF	**Inf.** magdalá; **Perf.** nagdala; **Imperf.** nagdadala; **Cont.** magdadala; **Rec. Perf.** kadádala

	OF	**Inf.** dalhín; **Perf.** dinalá; **Imperf.** dinadala; **Cont.** dadalhin
	DF	**Inf.** dalhán; **Perf.** dinalhan; **Imperf.** dinadalhan; **Cont.** dadalhan
	BF	**Inf.** ipagdalá; **Perf.** ipinagdala; **Imperf.** ipinagdadala; **Cont.** ipagdadala
Aptative	AF	**Inf.** makapagdalá; **Perf.** nakapagdala; **Imperf.** nakakapagdala/nakapagdadala; **Cont.** makakapagdala/makapagdadala
	OF	**Inf.** madalá; **Perf.** nadala; **Imperf.** nadadala; **Cont.** madadala
	DF	**Inf.** madalhán; **Perf.** nadalhan; **Imperf.** nadadalhan; **Cont.** madadalhan
	BF	**Inf.** maipagdalá; **Perf.** naipagdala; **Imperf.** naipapagdala/naipagdadala; **Cont.** maipapagdala/maipagdadala
Causative	A_1F	**Inf.** magpadalá; **Perf.** nagpadala; **Imperf.** nagpapadala; **Cont.** magpapadala
	A_2F	**Inf.** (pa)pagdal(a)hín; **Perf.** pinapagdalá/pinagdalá; **Imperf.** pinapapagdala/pinapagdadala/pinagdadala; **Cont.** papapagdal(a)hin/papagdadal(a)hin/pagdadal(a)hin

	OF	**Inf.** ipadalá; **Perf.** ipinadala; **Imperf.** ipinapadala/ipinadadala; **Cont.** ipapadala/ipadadala
	DF	**Inf.** padalhán; **Perf.** pinadalhan; **Imperf.** pinapadalhan/pinadadalhan **Cont.** papadalhan/padadalhan

DALAW

ACT	DIR	
-um-	-in	"visit"

Indicative	AF	**Inf.** dumálaw; **Perf.** dumalaw; **Imperf.** dumadalaw; **Cont.** dadalaw; **Rec. Perf.** kadadálaw
	DF	**Inf.** daláwin; **Perf.** dinálaw; **Imperf.** dinadalaw; **Cont.** dadalawin
Aptative	AF	**Inf.** makadálaw; **Perf.** nakadalaw; **Imperf.** nakakadalaw/nakadadalaw; **Cont.** makakadalaw/makadadalaw
	DF	**Inf.** madálaw; **Perf.** nadalaw; **Imperf.** nadadalaw; **Cont.** madadalaw
Causative	A_1F	**Inf.** magpadálaw; **Perf.** nagpadalaw **Imperf.** nagpapadalaw; **Cont.** magpapadalaw
	A_2F	**Inf.** padaláwin; **Perf.** pinadálaw; **Imperf.** pinapadalaw/pinadadalaw; **Cont.** papadalawin/padadalawin

	DF	**Inf.** ipadálaw; **Perf.** ipinadalaw; **Imperf.** ipinapadalaw/ipinadadalaw; **Cont.** ipapadalaw/ipadadalaw
Involuntary	AF	**Inf.** mapadálaw; **Perf.** napadalaw; **Imperf.** napapadalaw; **Cont.** mapapadalaw

DAMDAM

ACT	OBJ	
maka-	ma- -an	"feel" (physically or emotionally)

Indicative	AF	**Inf.** makáramdam; **Perf.** nakaramdam; **Imperf.** nakakaramdam/nakararamdam; **Cont.** makakaramdam/makararamdam
	OF	**Inf.** máramdaman; **Perf.** naramdaman; **Imperf.** nararamdaman; **Cont.** mararamdaman
Causative	AF	**Inf.** magparamdám; **Perf.** nagparamdam; **Imperf.** nagpaparamdam; **Cont.** magpaparamdam
	OF	**Inf.** iparamdám; **Perf.** ipinaramdam; **Imperf.** ipinaparamdam/ipinararamdam; **Cont.** ipaparamdam/ipararamdam

	ACT	DIR	
	mag-	-in	"resent, feel hurt"

Indicative AF **Inf.** magdamdám; **Perf.** nagdamdam; **Imperf.** nagdaramdam; **Cont.** magdaramdam

DF **Inf.** damdamín; **Perf.** dinamdám **Imperf.** dinaramdam; **Cont.** daramdamin

				DASAL
ACT	OBJ	DIR	BEN	
mag-	-in	-an	ipag-	"pray"

Indicative AF **Inf.** magdasál; **Perf.** nagdasal; **Imperf.** nagdarasal; **Cont.** magdarasal; **Rec. Perf.** kadárasal

OF **Inf.** dasalín; **Perf.** dinasál; **Imperf.** dinarasal; **Cont.** darasalin

DF **Inf.** dasalán; **Perf.** dinasalan; **Imperf.** dinarasalan; **Cont.** darasalan

BF **Inf.** ipagdasál; **Perf.** ipinagdasal; **Imperf.** ipinagdarasal; **Cont.** ipagdarasal

Aptative AF **Inf.** maka(pag)dasál; **Perf.** naka-

		(pag)dasal; **Imperf.** nakaka(pag)dasal/naka(pag)darasal; **Cont.** makaka(pag)dasal/maka(pag)darasal
	OF	**Inf.** madasál; **Perf.** nadasal; **Imperf.** nadarasal; **Cont.** madarasal
	DF	**Inf.** madasalán; **Perf.** nadasalan; **Imperf.** nadarasalan; **Cont.** madarasalan
	BF	**Inf.** maipagdasál; **Perf.** naipagdasal; **Imperf.** naipagdarasal; **Cont.** maipagdarasal
Causative	A_1F	**Inf.** magpadasál; **Perf.** nagpadasal; **Imperf.** nagpapadasal; **Cont.** magpapadasal
	A_2F	**Inf.** (pa)pagdasalín; **Perf.** pinapagdasál/pinagdasál; **Imperf.** pinapapagdasal/pinapagdadasal/pinagdadasal; **Cont.** papapagdasalin/papagdadasalin/pagdadasalin
	OF	**Inf.** ipagdasál; **Perf.** ipinagdasal; **Imperf.** ipinapagdasal/ipinagdarasal; **Cont.** ipapagdasal/ipagdarasal
	DF	**Inf.** padasalán; **Perf.** pinadasalan; **Imperf.** pinapadasalan/pinadarasalan; **Cont.** papadasalan/padarasalan

DATING

	ACT	DIR	
	-um-	-an	"arrive"

Indicative AF **Inf.** dumatíng; **Perf.** dumating; **Imperf.** dumarating; **Cont.** darating; **Rec. Perf.** kadárating

DF **Inf.** datnán; **Perf.** dinatnan; **Imperf.** dinaratnan; **Cont.** daratnan

Aptative AF **Inf.** makaratíng; **Perf.** nakarating; **Imperf.** nakakarating/nakararating; **Cont.** makakarating; makararating

DF **Inf.** maratíng; **Perf.** narating; **Imperf.** nararating; **Cont.** mararating

Accidental DF **Inf.** maratnán; **Perf.** naratnan; **Imperf.** nadaratnan; **Cont.** madaratnan

DILIG

	ACT	OBJ	
	mag-	-in/-an	"water"

Indicative AF **Inf.** magdilíg; **Perf.** nagdilig; **Imperf.** nagdidilig; **Cont.** magdidilig; **Rec. Perf.** kadídilig

	OF	**Inf.** diligín; **Perf.** dinilíg; **Imperf.** dinidilig; **Cont.** didiligin
	or	
	OF	**Inf.** diligán; **Perf.** diniligan; **Imperf.** dinidiligan; **Cont.** didiligan
Aptative	AF	**Inf.** makapagdilíg; **Perf.** nakapagdilig; **Imperf.** nakakapagdilig/nakapagdidilig; **Cont.** makakapagdilig/makapagdidilig
	OF	**Inf.** madilíg; **Perf.** nadilig; **Imperf.** nadidilig; **Cont.** madidilig
	or	
	OF	**Inf.** madiligán; **Perf.** nadiligan; **Imperf.** nadidiligan; **Cont.** madidiligan
Causative	A₁F	**Inf.** magpadilíg; **Perf.** nagpadilig; **Imperf.** nagpapadilig; **Cont.** magpapadilig
	A₂F	**Inf.** (pa)pagdiligín; **Perf.** pinapagdilíg/pinagdilíg; **Imperf.** pinapapagdilig/pinapagdidilig/pinagdidilig; **Cont.** papapagdiligin/papagdidiligin/pagdidiligin
	OF	**Inf.** ipadilíg; **Perf.** ipinadilig; **Imperf.** ipinapadilig/ipinadidilig; **Cont.** ipapadilig/ipadidilig
	or	

| | | OF | Inf. padiligán; Perf. pinadiligan; Imperf. pinapadiligan/pinadidiligan; Cont. papadiligan/padidiligan |

DINIG

			ACT	OBJ	
			maka-	ma-	"hear"

Aptative		AF	Inf. makárinig; Perf. nakarinig; Imperf. nakakarinig/nakaririnig; Cont. makakarinig/makaririnig; Rec. Perf. karirinig
		OF	Inf. márinig; Perf. narinig; Imperf. naririnig; Cont. maririnig
Causative		A₁F	Inf. magparinig; Perf. nagparinig; Imperf. nagpaparinig; Cont. magpaparinig
		A₂F	Inf. parinigín; Perf. pinarinig; Imperf. pinaparinig/pinariririnig; Cont. paparinigin/paririnigin
		OF	Inf. iparinig; Perf. ipinarinig; Imperf. ipinaparinig/ipinaririnig Cont. ipaparinig/ipariririnig
		DF	Inf. paringgán; Perf. pinaringgan; Imperf. pinaparinggan/pinariringgan; Cont. paparinggan/pariringgan
Aptative-		OF	Inf. maiparinig; Perf. naiparinig;

Causative   **Imperf.** naipaparinig/naiparirinig;
                     Cont. maipaparinig/maiparirinig

                                    GALAW
                          ACT
                          -um-   "move" (intransitive)

Indicative   AF   **Inf.** gumaláw; **Perf.** gumalaw;
                     Imperf. gumagalaw; **Cont.** gagalaw;
                     Rec. Perf. kagágalaw
Aptative   Af   **Inf.** makagaláw; **Perf.** nakagalaw;
                     Imperf. nakakagalaw/nakagagalaw;
                     Cont. makakagalaw/makagagalaw

                          ACT   OBJ
                          (-um-)   -in   "touch or move"

Indicative   OF   **Inf.** galawín; **Perf.** ginaláw;
                     Imperf. ginagalaw; **Cont.** gaga-
                     lawin; **Rec. Perf.** kagágalaw
Aptative   Af   **Inf.** makagaláw; **Perf.** nakagalaw;
                     Imperf. nakakagalaw/nakagagalaw;
                     Cont. makakagalaw/makagagalaw
                OF   **Inf.** magaláw; **Perf.** nagalaw;
                     Imperf. nagagalaw; **Cont.** magagalaw
Causative A_1F **Inf.** magpagaláw; **Perf.** nagpagalaw;
                     Imperf. nagpapagalaw; **Cont.** mag-
                     papagalaw

A_2F **Inf.** pagalawín; **Perf.** pinagaláw;
Imperf. pinapagalaw/pinagagalaw;
Cont. papagalawin/pagagalawin

OF **Inf.** ipagaláw; **Perf.** ipinagalaw;
Imperf. ipinapagalaw/ipinagagalaw;
Cont. ipapagalaw/ipagagalaw

GALING

		ACT	DIR	
		mang-	pang- -an	"come from"
Indicative	AF	**Inf.** manggáling; **Perf.** nanggaling; **Imperf.** nanggagaling; **Cont.** manggagaling; **Rec. Perf.** kagagáling		
	DF	**Inf.** panggalíngan; **Perf.** pinanggalingan; **Imperf.** pinanggagalingan; **Cont.** panggagalingan		
Aptative	DF	**Inf.** mapanggalíngan; **Perf.** napanggalingan; **Imperf.** napapanggalingan/napanggagalingan; **Cont.** mapapanggalingan/mapanggagalingan		

GALING

ACT_u REA
-um-　ika-　　"become well, good"

Indicative	AF	**Inf.** gumaling; **Perf.** gumaling; **Imperf.** gumagaling; **Cont.** gagaling; **Rec. Perf.** kagagaling
	RF	**Inf.** ikagaling; **Perf.** ikinagaling; **Imperf.** ikinakagaling/ikinagagaling; **Cont.** ikakagaling/ikagagaling
Aptative	RF	**Inf.** makagaling; **Perf.** nakagaling; **Imperf.** nakakagaling/nakagagaling; **Cont.** makakagaling/makagagaling
Causative	A_1F	**Inf.** magpagaling; **Perf.** nagpagaling; **Imperf.** nagpapagaling; **Cont.** magpapagaling
	A_2F	**Inf.** pagalingin; **Perf.** pinagaling; **Imperf.** pinapagaling/pinagagaling; **Cont.** papagalingin/pagagalingin

  GALIT

              ACT   DIR   REA
              ma-   ka- -an/pa- -an   ika-   "get angry;
                                                scold"

Indicative   AF   **Inf.** magálit; **Perf.** nagalit;
                   Imperf. nagagalit; **Cont.** magagalit
              DF   **Inf.** kagalítan; **Perf.** kinagalítan;
                   Imperf. kinakagalitan/kinagagali-
                   tan; **Cont.** kakagalitan/kagagalitan
              or
              DF   **Inf.** pagalítan; **Perf.** pinagalitan;
                   Imperf. pinapagalitan/pinagagali-
                   tan; **Cont.** papagalitan/pagagalitan
              RF   **Inf.** ikagálit; **Perf.** ikinagalit;
                   Imperf. ikinakagalit/ikinagagalit;
                   Cont. ikakagalit/ikagagalit

Aptative   DF   **Inf.** makagalítan; **Perf.** nakagali-
                   tan; **Imperf.** nakakagalitan/nakaga-
                   galitan; **Cont.** makakagalitan/maka-
                   gagalitan
              or
              DF   **Inf.** mapagalítan; **Perf.** napagali-
                   tan; **Imperf.** napapagalitan/napa-
                   gagalitan; **Cont.** mapapagalitan/
                   mapagagalitan
              RF   **Inf.** maikagálit; **Perf.** naikagalit;

Causative	A_1F	**Imperf.** naikakagalit/naikagagalit; **Cont.** maikakagalit/maikagagalit **Inf.** magpagálit; **Perf.** nagpagalit; **Imperf.** nagpapagalit; **Cont.** magpapagalit
	A_2F	**Inf.** pagalítin; **Perf.** pinagálit; **Imperf.** pinapagalit/pinagagalit; **Cont.** papagalitin/pagagalitin

GAMIT

		ACT	OBJ	DIR	
		-um-	-in	-an	"use"

Indicative	AF	**Inf.** gumámit; **Perf.** gumamit; **Imperf.** gumagamit; **Cont.** gagamit; **Rec. Perf.** kagagámit
	OF	**Inf.** gamítin; **Perf.** ginámit; **Imperf.** ginagamit; **Cont.** gagamitin
	DF	**Inf.** gamítan; **Perf.** ginamitan; **Imperf.** ginagamitan; **Cont.** gagamitan
Aptative	AF	**Inf.** makagámit; **Perf.** nakagamit; **Imperf.** nakakagamit/nakagagamit; **Cont.** makakagamit/makagagamit
	OF	**Inf.** magámit; **Perf.** nagamit; **Imperf.** nagagamit; **Cont.** magagamit
	DF	**Inf.** magamítan; **Perf.** nagamitan;

		Imperf. nagagamitan; **Cont.** magagamitan
Causative	A_1F	**Inf.** magpagámit; **Perf.** nagpagamit; **Imperf.** nagpapagamit; **Cont.** magpapagamit
	A_2F	**Inf.** pagamítin; **Perf.** pinagámit; **Imperf.** pinapagamit/pinagagamit; **Cont.** papagamitin/pagagamitin
	OF	**Inf.** ipagámit; **Perf.** ipinagamit; **Imperf.** ipinapagamit/ipinagagamit; **Cont.** ipapagamit/ipagagamit
	DF	**Inf.** (pa)paggamítan; **Perf.** pinapaggamitan/pinaggamitan; **Imperf.** pinapapaggamitan/pinapaggagamitan/pinaggagamitan; **Cont.** papapaggamitan/papaggagamitan/paggagamitan

GAMOT

	ACT	OBJ	INS	
	-um-/mag-	-in	ipang-	"cure, heal"

Indicative	AF	**Inf.** gumamót; **Perf.** gumamot; **Imperf.** gumagamot; **Cont.** gagamot
	or	
	AF	**Inf.** maggamót; **Perf.** naggamot; **Imperf.** naggagamot; **Cont.** magagamot; **Rec. Perf.** kagágamot

	OF	**Inf.** gamutín; **Perf.** ginamót; **Imperf.** ginagamot; **Cont.** gagamutin
	IF	**Inf.** ipanggamót; **Perf.** ipinanggamot; **Imperf.** ipinanggagamot; **Cont.** ipanggagamot
Aptative	AF	**Inf.** maka(pag)gamót; **Perf.** naka(pag)gamot; **Imperf.** nakaka(pag)gamot/naka(pag)gagamot; **Cont.** makaka(pag)gamot/maka(pag)gagamot
	OF	**Inf.** magamót; **Perf.** nagamot; **Imperf.** nagagamot; **Cont.** magagamot
	IF	**Inf.** maipanggamót; **Perf.** naipanggamot; **Imperf.** naipanggagamot; **Cont.** maipanggagamot
Causative	A_1F	**Inf.** magpagamót; **Perf** nagpagamot; **Imperf.** nagpapagamot; **Cont.** magpapagamot
	A_2F	**Inf.** (pa)paggamutín; **Perf.** pinapaggamót/pinaggamót; **Imperf.** pinapapaggamot/pinapaggagamot/pinaggagamot; **Cont.** papapaggamutin/papaggagamutin/paggagamutin
	OF	**Inf.** ipagamót; **Perf.** ipinagamot; **Imperf.** ipinapagamot; **Cont.** ipapagamot

                                                            GANAP
                        ACT   OBJ
                        -um-   -in/-an   "perform"

Indicative   AF   **Inf.** gumanáp; **Perf.** gumanap;
                       Imperf. gumaganap; **Cont.** gaganap;
                       Rec. Perf. kagáganap
                 OF   **Inf.** ganapín; **Perf.** ginanáp;
                       Imperf. ginaganap; **Cont.** gaganapin
                 or
                 OF   **Inf.** gampanán; **Perf.** ginampanan;
                       Imperf. ginagampanan; **Cont.** gagampanan

Aptative   AF   **Inf.** makaganáp; **Perf.** nakaganap;
                       Imperf. nakakaganap/nakagaganap;
                       Cont. makakaganap/makagaganap
                 OF   **Inf.** maganáp; **Perf.** naganap;
                       Imperf. nagaganap; **Cont.** magaganap
                 or
                 OF   **Inf.** magampanán; **Perf.** nagampanan;
                       Imperf. nagagampanan; **Cont.** magagampanan

Causative A_1F **Inf.** magpaganáp; **Perf.** nagpaganap;
                       Imperf. nagpapaganap; **Cont.** magpapaganap

	A₂F	**Inf.** paganapín; **Perf.** pinaganáp; **Imperf.** pinapaganap/pinagaganap; **Cont.** papaganapin/pagaganapin
	OF	**Inf.** ipaganáp; **Perf.** ipinaganap; **Imperf.** ipinapaganap/ipinagaganap; **Cont.** ipapaganap/ipagaganap
	or	
	OF	**Inf.** pagampanán; **Perf.** pinagampanan; **Imperf.** pinapagampanan/pinagagampanan; **Cont.** papagampanan/pagagampanan

	OBJ	
	-in	"occur, take place"

Indicative	DF	**Inf.** ganapín; **Perf.** ginanáp; **Imperf.** ginaganap; **Cont.** gaganapin
Aptative	OF	**Inf.** managáp; **Perf.** naganap; **Imperf.** nagaganap; **Cont.** magaganap

GANDA

ACT_u	REA	
-um-	ika-	"become pretty"

Indicative	AF	**Inf.** gumandá; **Perf.** gumanda; **Imperf.** gumaganda; **Cont.** gaganda
	RF	**Inf.** ikagandá; **Perf.** ikinaganda;

		Imperf. ikinakaganda/ikinagaganda; **Cont.** ikakaganda/ikagaganda
Aptative	RF	**Inf.** makagandá; **Perf.** nakaganda; **Imperf.** nakakaganda/nakagaganda; **Cont.** makakaganda/makagaganda

DIR
-an   "make pretty"

Indicative	OF	**Inf.** gandahán; **Perf.** ginandahan; **Imperf.** ginagandahan; **Cont.** gagandahan
Causative	A_1F	**Inf.** magpagandá; **Perf.** nagpaganda; **Imperf.** nagpapaganda; **Cont.** magpapaganda
	OF	**Inf.** pagandahín; **Perf.** pinagandá; **Imperf.** pinapaganda/pinagaganda; **Cont.** papagandahin/pagagandahin
	DF	**Inf.** pagandahán; **Perf.** pinagandahan; **Imperf.** pinapagandahan/pinagagandahan; **Cont.** papagandahan/pagagandahan
Aptative-Causative	OF	**Inf.** mapagandá; **Perf.** napaganda; **Imperf.** napapaganda/napagaganda; **Cont.** mapapaganda/mapagaganda

ACT_u

ma- -an   "be attracted by the beauty of"

Indicative   AF   **Inf.** magandahán; **Perf.** nagandahan; **Imperf.** nagagandahan; **Cont.** magagandahan

GANTI

ACT   DIR   BEN
-um-   -an   i-   "retaliate, reward"

Indicative   AF   **Inf.** gumantí; **Perf.** gumanti; **Imperf.** gumaganti; **Cont.** gaganti; **Rec. Perf.** kagáganti

DF   **Inf.** gantihán; **Perf.** ginantihan; **Imperf.** ginagantihan; **Cont.** gagantihan

BF   **Inf.** igantí; **Perf.** iginanti; **Imperf.** iginaganti; **Cont.** igaganti

Aptative   AF   **Inf.** makagantí; **Perf.** nakaganti; **Imperf.** nakakaganti/nakagaganti; **Cont.** makakaganti/makagaganti

DF   **Inf.** magantihán; **Perf.** nagantihan; **Imperf.** nagagantihan; **Cont.** magagantihan

	BF	**Inf.** maigantí; **Perf.** naiganti; **Imperf.** naigaganti; **Cont.** maigaganti
Causative	A₁F	**Inf.** magpagantí; **Perf.** nagpaganti; **Imperf.** nagpapaganti; **Cont.** magpapaganti
	A₂F	**Inf.** pagantihín; **Perf.** pinagantí; **Imperf.** pinapaganti/pinagaganti; **Cont.** papagantihin/pagagantihin
	DF	**Inf.** pagantihán; **Perf.** pinagantihan; **Imperf.** pinapagantihan/pinagagantihan; **Cont.** papagantihan/pagagantihan

GASTA

		ACT	OBJ	DIR	REA	
		-um-	-in	-an/pag--an	ika-	"spend"
Indicative	AF		**Inf.** gumastá; **Perf.** gumasta; **Imperf.** gumagasta; **Cont.** gagasta; **Rec. Perf.** kagagastá			
	OF		**Inf.** gastahín; **Perf.** ginastá; **Imperf.** ginagasta; **Cont.** gagastahin			
	DF		**Inf.** gastahán; **Perf.** ginastahan; **Imperf.** ginagastahan; **Cont.** gagastahan			
		or				

	DF	**Inf.** paggastahán; **Perf.** pinaggastahan; **Imperf.** pinaggagastahan; **Cont.** paggagastahan
	RF	**Inf.** ikagastá; **Perf.** ikinagasta; **Imperf.** ikinakagasta/ikinagagasta; **Cont.** ikakagasta/ikagagasta
Aptative	AF	**Inf.** makagastá; **Perf.** nakagasta; **Imperf.** nakakagasta/nakagagasta; **Cont.** makakagasta/makagagasta
	OF	**Inf.** magastá; **Perf.** nagasta; **Imperf.** nagagasta; **Cont.** magagasta
Causative	A_1F	**Inf.** magpagastá; **Perf.** nagpagasta; **Imperf.** nagpapagasta; **Cont.** magpapagasta
	A_2F	**Inf.** pagastahín; **Perf.** pinagastá; **Imperf.** pinapagasta/pinagagasta; **Cont.** papagastahin/pagagastahin
	OF	**Inf.** ipagastá; **Perf.** ipinagasta; **Imperf.** ipinapagasta/ipinagagasta; **Cont.** ipapagasta/ipagagasta

                                                    GAWA'

		ACT	OBJ	DIR	
		-um-	-in	-an	"do, make"

Indicative   AF   **Inf.** gumawá'; **Perf.** gumawa';
                  Imperf. gumagawa'; **Cont.** gagawa';
                  Rec. Perf. kagágawa'

             OF   **Inf.** gawín; **Perf.** ginawá; **Imperf.**
                  ginagawa'; **Cont.** gagawin

             DF   **Inf.** gawán; **Perf.** ginawan; **Imperf.**
                  ginagawan; **Cont.** gagawan

Aptative   AF   **Inf.** makagawá'; **Perf.** nakagawa';
                  Imperf. nakakagawa'/nakagagawa';
                  Cont. makakagawa'/makagagawa'

             OF   **Inf.** magawá'; **Perf.** nagawa';
                  Imperf. nagagawa'; **Cont.** magagawa'

             DF   **Inf.** magawán; **Perf.** nagawan;
                  Imperf. nagagawan; **Cont.** magagawan

Causative A_1F **Inf.** magpagawá'; **Perf.** nagpagawa';
                  Imperf. nagpapagawa'; **Cont.** magpa-
                  pagawa'

             A_2F **Inf.** pagaw(a)in; **Perf.** pinagawá';
                  Imperf. pinapagawa'/pinagagawa';
                  Cont. papagaw(a)in/pagagaw(a)in

             OF   **Inf.** ipagawá'; **Perf.** ipinagawa';
                  Imperf. ipinapagawa'/ipinagagawa';
                  Cont. ipapagawa'/ipagagawa'

GISING

		ACT -um-/ma-	REA ika-	"wake up" (intransitive)

Indicative AF **Inf.** gumising; **Perf.** gumising; **Imperf.** gumigising; **Cont.** gigising; **Rec. Perf.** kagigising

RF **Inf.** ikagising; **Perf.** ikinagising; **Imperf.** ikinakagising/ikinagigising; **Cont.** ikakagising/ikagigising

Aptative AF **Inf.** makagising; **Perf.** nakagising; **Imperf.** nakakagising/nakagigising; **Cont.** makakagising/makagigising

OF **Inf.** magising; **Perf.** nagising; **Imperf.** nagigising; **Cont.** magigising

		ACT (-um-)	OBJ -in	"wake up"

Indicative OF **Inf.** gisingin; **Perf.** ginising; **Imperf.** ginigising; **Cont.** gigisingin; **Rec. Perf.** kagigising

Aptative AF **Inf.** makagising; **Perf.** nakagising;

		Imperf. nakakagising/nakagigising; **Cont.** makakagising/makagigising
Causative	A₁F	**Inf.** magpagising; **Perf.** nagpagising; **Imperf.** nagpapagising; **Cont.** magpapagising
	A₂F	**Inf.** pagisingin; **Perf.** pinagising; **Imperf.** pinapagising/pinagigising; **Cont.** papagisingin/pagigisingin
	OF	**Inf.** ipagising; **Perf.** ipinagising; **Imperf.** ipinapagising/ipinagigising; **Cont.** ipapagising/ipagigising
Distributive	AF	**Inf.** manggising; **Perf.** nanggising; **Imperf.** nanggigising; **Cont.** manggigising

GULAT

	ACT$_u$	REA	
	ma-	ika-	"be surprised"
Indicative	AF	**Inf.** magúlat; **Perf.** nagulat; **Imperf.** nagugulat; **Cont.** magugulat	
	RF	**Inf.** ikagúlat; **Perf.** ikinagulat; **Imperf.** ikinakagulat/ikinagugulat; **Cont.** ikakagulat/ikagugulat	

		ACT (-um-)	DIR -in	INS ipang-	"surprise"

Indicative DF **Inf.** gulátin; **Perf.** ginúlat; **Imperf.** ginugulat; **Cont.** gugulatin; **Rec. Perf.** kagugúlat

  IF **Inf.** ipanggúlat; **Perf.** ipinanggulat; **Imperf.** ipinanggugulat; **Cont.** ipanggugulat

Aptative AF **Inf.** makagúlat; **Perf.** nakagulat; **Imperf.** nakakagulat/nakagugulat; **Cont.** makakagulat/makagugulat

  DF **Inf.** magúlat; **Perf.** nagulat; **Imperf.** nagugulat; **Cont.** magugulat

  IF **Inf.** maipanggúlat; **Perf.** naipanggulat; **Imperf.** naipanggugulat; **Cont.** maipanggugulat

Causative A_1F **Inf.** magpagúlat; **Perf.** nagpagulat; **Imperf.** nagpapagulat; **Cont.** magpapagulat

  A_2F **Inf.** pagulátin; **Perf.** pinagúlat; **Imperf.** pinapagulat/pinagugulat; **Cont.** papagulatin/pagugulatin

  DF **Inf.** ipagúlat; **Perf.** ipinagulat; **Imperf.** ipinapagulat/ipinagugulat; **Cont.** ipapagulat/ipagugulat

Distributive   AF   **Inf.** manggúlat; **Perf.** nanggulat; **Imperf.** nanggugulat; **Cont.** manggugulat

                                    GULO
                  ACT_u REA
                  ma-   ika-   "be disorderly"

Indicative   AF   **Inf.** maguló; **Perf.** nagulo; **Imperf.** nagugulo; **Cont.** magugulo
                RF   **Inf.** ikaguló; **Perf.** ikinagulo; **Imperf.** ikinakagulo/ikinagugulo; **Cont.** ikakagulo/ikagugulo

Aptative   RF   **Inf.** makaguló; **Perf.** nakagulo; **Imperf.** nakakagulo/nakagugulo; **Cont.** makakagulo/makagugulo

                  ACT_u
                  ma- -an   "feel disturbed or troubled"

Indicative   AF   **Inf.** maguluhán; **Perf.** naguluhan; **Imperf.** naguguluhan; **Cont.** maguguluhan

| | | ACT | OBJ |
| | | -um- | -in   "put in a disorderly state" |

Indicative	OF	**Inf.** guluhín; **Perf.** ginuló; **Imperf.** ginugulo; **Cont.** guguluhin; **Rec. Perf.** kagúgulo	
Causative	A₁F	**Inf.** magpaguló; **Perf.** nagpagulo; **Imperf.** nagpapagulo; **Cont.** magpapagulo	
	A₂F	**Inf.** paguluhín; **Perf.** pinaguló; **Imperf.** pinapagulo; **Cont.** paguguluhin	
	OF	**Inf.** ipaguló; **Perf.** ipinagulo; **Imperf.** ipinapagulo/ipinagugulo; **Cont.** ipapagulo/ipagugulo	
Distributive	AF	**Inf.** mangguló; **Perf.** nanggulo; **Imperf.** nanggugulo; **Cont.** manggugulo	

GUPIT

	ACT	OBJ	DIR	BEN	
	-um-	-in	-an	i-	"cut with scissors"

Indicative   AF   **Inf.** gumupít; **Perf.** gumupit;
                       Imperf. gumugupit; **Cont.** gugupit;
                       Rec. Perf. kagúgupit
             OF   **Inf.** gupitín; **Perf.** ginupít;
                       Imperf. ginugupit; **Cont.** gugupitin
             DF   **Inf.** gupitán; **Perf.** ginupitan;
                       Imperf. ginugupitan; **Cont.** gugupitan
             BF   **Inf.** igupit; **Perf.** iginupit;
                       Imperf. iginugupit; **Cont.** igugupit

Aptative   AF   **Inf.** makagupít; **Perf.** nakagupit;
                       Imperf. nakakagupit/nakagugupit;
                       Cont. makakagupit/makagugupit
             OF   **Inf.** magupít; **Perf.** nagupit;
                       Imperf. nagugupit; **Cont.** magugupit
             DF   **Inf.** magupitán; **Perf.** nagupitan;
                       Imperf. nagugupitan; **Cont.** magugupitan
             BF   **Inf.** maigupít; **Perf.** naigupit;
                       Imperf. naigugupit; **Cont.** maigugupit

Causative A_1F **Inf.** magpagupít; **Perf.** nagpagupit;

		Imperf. nagpapagupit; **Cont.** magpapagupit
	A₂F	**Inf.** (pa)(pag)gupitin; **Perf.** pinapaggupit/pinaggupit/pinagupit; **Imperf.** pinapaggupit/pinaggugupit/pinagugupit; **Cont.** papaggugupitin/paggugupitin/pagugupitin
	OF	**Inf.** ipagupit; **Perf.** ipinagupit; **Imperf.** ipinapagupit/ipinagugupit; **Cont.** ipapagupit/ipagugupit
	DF	**Inf.** pagupitán; **Perf.** pinagupitan; **Imperf.** pinapagupitan; **Cont.** papagupitan
Intensive	AF	**Inf.** maggupít; **Perf.** naggupit; **Imperf.** naggugupit; **Cont.** maggugupit
Distributive	AF	**Inf.** manggupít; **Perf.** nanggupit; **Imperf.** nanggugupit; **Cont.** manggugupit

GUTOM

	ACT_u	REA	
	ma-	ika-	"be hungry"
Indicative	AF	**Inf.** magútom; **Perf.** nagutom; **Imperf.** nagugutom; **Cont.** magugutom	
	RF	**Inf.** ikagútom; **Perf.** ikinagutom;	

                    Imperf. ikinakagutom/ikinagugutom;
                    Cont. ikakagutom/ikagugutom

                              OBJ
                              -in   "make someone hungry/
                                        be hungry"

Indicative	OF	**Inf.** gutúmin; **Perf.** ginútom; **Imperf.** ginugutom; **Cont.** gugutumin
Causative	A₁F	**Inf.** magpagútom; **Perf.** nagpagutom; **Imperf.** nagpapagutom; **Cont.** magpapagutom

                                                    HABA'
                    ACT_u   REA
                    -um-   ika-   "become long"

Indicative	AF	**Inf.** humába'; **Perf.** humaba'; **Imperf.** humahaba'; **Cont.** hahaba'; **Rec. Perf.** kahahába'
	RF	**Inf.** ikahába'; **Perf.** ikinahaba'; **Imperf.** ikinakahaba'/ikinahahaba'; **Cont.** ikakahaba'/ikahahaba'
Aptative	RF	**Inf.** makahába'; **Perf.** nakahaba'; **Imperf.** nakakahaba/nakahahaba'; **Cont.** makakahaba'/makahahaba'

		OBJ	
		-an	"lengthen"

Indicative	OF	**Inf.** habáan; **Perf.** hinabaan; **Imperf.** hinahabaan; **Cont.** hahabaan
Aptative	OF	**Inf.** mahabáan; **Perf.** nahabaan; **Imperf.** nahahabaan; **Cont.** mahahabaan
Causative	A_1F	**Inf.** magpahába'; **Perf.** nagpahaba'; **Imperf.** nagpapahaba'; **Cont.** magpapahaba'
	A_2F	**Inf.** pahabáin; **Perf.** pinahába'; **Imperf.** pinapahaba'/pinahahaba'; **Cont.** papahabain/pahahabain
	OF	**Inf.** pahabáan; **Perf.** pinahabaan; **Imperf.** pinapahabaan/pinahahabaan; **Cont.** papahabaan/pahahabaan

			HABOL
	ACT	OBJ	
	-um-	-in	"run after"

Indicative	AF	**Inf.** humábol; **Perf.** humabol; **Imperf.** humahabol; **Cont.** hahabol; **Rec. Perf.** kahahábol
	OF	**Inf.** habúlin; **Perf.** hinábol; **Imperf.** hinahabol; **Cont.** hahabulin

Aptative	AF		**Inf.** makahábol; **Perf.** nakahabol; **Imperf.** nakakahabol/nakahahabol; **Cont.** makakahabol/makahahabol
	OF		**Inf.** mahábol; **Perf.** nahabol; **Imperf.** nahahabol; **Cont.** mahahabol
Causative	A_1F		**Inf.** magpahábol; **Perf.** nagpahabol; **Imperf.** nagpapahabol; **Cont.** magpapahabol
	A_2F		**Inf.** pahabúlin; **Perf.** pinahábol; **Imperf.** pinapahabol/pinahahabol; **Cont.** papahabulin/pahahabulin
	OF		**Inf.** ipahábol; **Perf.** ipinahabol; **Imperf.** ipinapahabol/ipinahahabol; **Cont.** ipapahabol/ipahahabol
Intensive	AF		**Inf.** maghaból; **Perf.** naghabol; **Imperf.** naghahabol; **Cont.** maghahabol
Reciprocal	AF		(pl.) **Inf.** maghabulán; **Perf.** naghabulan; **Imperf.** naghahabulan; **Cont.** maghahabulan

HAGIS

ACT	OBJ	DIR	INS	
mag-	i-	-an	ipang-	"throw"

Indicative	AF	**Inf.** maghágis; **Perf.** naghagis; **Imperf.** naghahagis; **Cont.**

81

		maghahagis; **Rec. Perf.** kahahágis
	OF	**Inf.** ihágis; **Perf.** ihinagis/ inihagis; **Imperf.** ihinahagis/ inihahagis; **Cont.** ihahagis
	DF	**Inf.** hagísan; **Perf.** hinagisan; **Imperf.** hinahagisan; **Cont.** hahagisan
	IF	**Inf.** ipanghágis; **Perf.** ipinanghagis; **Imperf.** ipinapanghagis/ipinanghahagis; **Cont.** ipapanghagis/ ipanghahagis
Aptative	AF	**Inf.** makapaghágis; **Perf.** nakapaghagis; **Imperf.** nakakapaghagis/ nakapaghahagis; **Cont.** makakapaghagis/makapaghahagis
	OF	**Inf.** maihágis; **Perf.** naihagis; **Imperf.** naihahagis; **Cont.** maihahagis
	IF	**Inf.** maipanghágis; **Perf.** naipanghagis; **Imperf.** naipapanghagis/ naipanghahagis; **Cont.** maipapanghagis/maipanghahagis
Causative	A_1F	**Inf.** magpahágis; **Perf.** nagpahagis; **Imperf.** nagpapahagis; **Cont.** magpapahagis
	A_2F	**Inf.** (pa)paghagísin; **Perf.** pinapaghágis/pinaghágis; **Imperf.** pina-

papaghagis/pinapaghahagis/pinaghahagis; **Cont.** papapaghagisin/papaghahagisin/paghahagisin

OF **Inf.** ipahágis; **Perf.** ipinahagis; **Imperf.** ipinapahagis/ipinahahagis; **Cont.** ipapahagis/ipahahagis

DF **Inf.** pahagísan; **Perf.** pinahagisan; **Imperf.** pinapahagisan/pinahahagisan; **Cont.** papahagisan/pahahagisan

          ACT_u
          -um-   "be thrown"

Indicative   AF **Inf.** humágis; **Perf.** humagis; **Imperf.** humahagis; **Cont.** hahagis

Involuntary   AF **Inf.** mapahágis; **Perf.** napahagis **Imperf.** napapahagis; **Cont.** mapapahagis

                              HALIK
          ACT   DIR
          -um-   -an   "kiss"

Indicative   AF **Inf.** humalík; **Perf.** humalik; **Imperf.** humahalik; **Cont.** hahalik; **Rec. Perf.** kaháhalik

	DF	**Inf.** halikán; **Perf.** hinalikan; **Imperf.** hinahalikan; **Cont.** hahalikan
Aptative	AF	**Inf.** makahalik; **Perf.** nakahalik; **Imperf.** nakakahalik/nakahahalik; **Cont.** makakahalik/makahahalik
	DF	**Inf.** mahalikán; **Perf.** nahalikan; **Imperf.** nahahalikan; **Cont.** mahahalikan
Causative	A_1F	**Inf.** magpahalik; **Perf.** nagpahalik; **Imperf.** nagpapahalik; **Cont.** magpapahalik
	A_2F	**Inf.** pahalikin; **Perf.** pinahalik; **Imperf.** pinapahalik/pinahahalik; **Cont.** papahalikin/pahahalikin
	DF	**Inf.** pahalikán; **Perf.** pinahalikan; **Imperf.** pinapahalikan/pinahahalikan; **Cont.** papahalikan/pahahalikan
Reciprocal	AF	(pl.) **Inf.** maghalikan; **Perf.** naghalikan; **Imperf.** naghahalikan; **Cont.** maghahalikan
Involuntary	AF	**Inf.** mapahalik; **Perf.** napahalik; **Imperf.** napapahalik/napahahalik; **Cont.** mapapahalik/mapahahalik

HALO'

			ACT	OBJ	DIR	INS	
			mag-	i-/-in	-an	ipang-	"mix"
Indicative		AF		Inf. maghálo'; Perf. naghalo'; Imperf. naghahalo'; Cont. maghahalo'; Rec. Perf. kahahálo'			
		OF		Inf. ihálo'; Perf. ihinalo'/inihalo'; Imperf. ihinahalo'/inihahalo'; Cont. ihahalo'			
		or					
		OF		Inf. halúin; Perf. hinálo'; Imperf. hinahalo'; Cont. hahaluin			
		DF		Inf. halúan; Perf. hinaluan; Imperf. hinahaluan; Cont. hahaluan			
		IF		Inf. ipanghálo'; Perf. ipinanghalo'; Imperf. ipinanghahalo'; Cont. ipanghahalo'			
Aptative		AF		Inf. makapaghálo'; Perf. nakapaghalo'; Imperf. nakakapaghalo'/nakapaghahalo'; Cont. makakapaghalo'/makapaghahalo'			
		OF		Inf. maihálo'; Perf. naihalo'; Imperf. naihahalo'; Cont. maihahalo'			
		or					

	OF	**Inf.** mahálo'; **Perf.** nahalo'; **Imperf.** nahahalo'; **Cont.** mahahalo'
	DF	**Inf.** mahalúan; **Perf.** nahaluan; **Imperf.** nahahaluan; **Cont.** mahahaluan
	IF	**Inf.** maipanghálo'; **Perf.** naipanghalo'; **Imperf.** naipanghahalo'; **Cont.** maipanghahalo'
Causative	A_1F	**Inf.** magpahálo'; **Perf.** nagpahalo'; **Imperf.** nagpapahalo'; **Cont.** magpapahalo'
	A_2F	**Inf.** (pa)paghalúin; **Perf.** pinapaghálo'/pinaghálo'; **Imperf.** pinapapaghalo'/pinapaghahalo'/pinaghahalo'; **Cont.** papapaghaluin/papaghahaluin/paghahaluin
	OF	**Inf.** ipahálo'; **Perf.** ipinahalo'; **Imperf.** ipinapahalo'/ipinahahalo'; **Cont.** ipapahalo'/ipahahalo'
	DF	**Inf.** pahalúan; **Perf.** pinahaluan; **Imperf.** pinapahaluan/pinahahaluan; **Cont.** papahaluan/pahahaluan

HANAP

	ACT	OBJ	DIR	BEN	
	-um-	-in	-an	i-	"look for"

Indicative AF **Inf.** humánap; **Perf.** humanap;
              Imperf. humahanap; **Cont.** hahanap;
              Rec. Perf. kahahánap

            OF **Inf.** hanápin; **Perf.** hinánap;
              Imperf. hinahanap; **Cont.** hahanapin

            DF **Inf.** hanápan; **Perf.** hinanapan;
              Imperf. hinahanapan; **Cont.** hahanapan

            BF **Inf.** ihánap; **Perf.** ihinanap/inihanap; **Imperf.** ihinahanap/inihahanap; **Cont.** ihahanap

Aptative   AF **Inf.** makahánap; **Perf.** nakahanap;
              Imperf. nakakahanap; **Cont.** makakahanap

            OF **Inf.** mahánap; **Perf.** nahanap;
              Imperf. nahahanap; **Cont.** mahahanap

            DF **Inf.** mahanápan; **Perf.** nahanapan;
              Imperf. nahahanapan; **Cont.** mahahanapan

            BF **Inf.** maihánap; **Perf.** naihanap;
              Imperf. naihahanap; **Cont.** maihahanap

Causative A_1F **Inf.** magpahánap; **Perf.** nagpaha-

	nap; **Imperf.** nagpapahanap; **Cont.** magpapahanap	
A₂F	**Inf.** pahanápin; **Perf.** pinahánap; **Imperf.** pinapahanap/pinahahanap; **Cont.** papahanapin/pahahanapin	
OF	**Inf.** ipahánap; **Perf.** ipinahanap; **Imperf.** ipinapahanap/ipinahahanap; **Cont.** ipapahanap/ipahahanap	
DF	**Inf.** pahanápan; **Perf.** pinahanapan; **Imperf.** pinapahanapan/pinahahanapan; **Cont.** papahanapan/pahahanapan	

HANDA'

	ACT	OBJ	BEN	
	mag-	i-	ipag-/pag- -an	"prepare"

Indicative	AF	**Inf.** maghandá'; **Perf.** naghanda'; **Imperf.** naghahanda'; **Cont.** maghahanda'; **Rec. Perf.** kahahandá'
	OF	**Inf.** ihandá'; **Perf.** ihinanda'/inihanda'; **Imperf.** ihinahanda'/inihahanda'; **Cont.** ihahanda'
	BF	**Inf.** ipaghandá'; **Perf.** ipinaghan-

		da'; **Imperf.** ipinapaghanda'/ipinaghahanda'; **Cont.** ipapaghanda'; ipaghahanda'
	or	
	BF	**Inf.** paghandaán; **Perf.** pinaghandaan; **Imperf.** pinapaghandaan/pinaghahandaan; **Cont.** papaghandaan/paghahandaan
Aptative	AF	**Inf.** makapaghandá'; **Perf.** nakapaghanda'; **Imperf.** nakakapaghanda'/nakapaghahanda'; **Cont.** makakapaghanda'/makapaghahanda'
	OF	**Inf.** maihandá'; **Perf.** naihanda'; **Imperf.** naihahanda'; **Cont.** maihahanda'
	BF	**Inf.** maipaghandá'; **Perf.** naipaghanda'; **Imperf.** naipapaghanda'/naipaghahanda'; **Cont.** maipapaghanda'/maipaghahanda'
	or	
	BF	**Inf.** mapaghandaán; **Perf.** napaghandaan; **Imperf.** napapaghandaan/napaghahandaan; **Cont.** mapapaghandaan/mapaghahandaan
Causative	A_1F	**Inf.** magpahandá'; **Perf.** nagpahanda'; **Imperf.** nagpapahanda'; **Cont.** magpapahanda'

	A₂F	**Inf.** (pa)paghandain; **Perf.** pinapaghandá'/pinaghandá'; **Imperf.** pinapapaghanda'/pinapaghahanda'/pinaghahanda'; **Cont.** papapaghandain/papaghahandain/paghahandain
	OF	**Inf.** ipahandá'; **Perf.** ipinahanda'; **Imperf.** ipinapahanda'/ipinahahanda'; **Cont.** ipapahanda'/ipahahanda'
	BF	**Inf.** papaghandaán; **Perf.** pinapaghandaan; **Imperf.** pinapapaghandaan/pinapaghahandaan; **Cont.** papapaghandaan/papaghahandaan
Aptative-Causative	AF	**Inf.** makapagpahandá'; **Perf.** nakapagpahanda'; **Imperf.** nakakapagpahanda'/nakapagpapahanda'; **Cont.** makakapagpahanda'/makapagpapahanda'
	A₂F	**Inf.** mapagpahandá'; **Perf.** napagpahanda'; **Imperf.** napagpapahanda'; **Cont.** mapagpapahanda'
	OF	**Inf.** maipahandá'; **Perf.** naipahanda'; **Imperf.** naipapahanda'; **Cont.** maipapahanda'
	BF	**Inf.** maipagpahandá'; **Perf.** naipagpahanda'; **Imperf.** naipagpapahanda'; **Cont.** maipagpapahanda'

```
                    ACT
                    -um-              "get ready"
                                      (intransitive)
```

Indicative   AF   **Inf.** humandá'; **Perf.** humanda';
                   Imperf. humahanda'; **Cont.** hahanda';
                   Rec. Perf. kahahandá'

```
                                       HARAP
              ACT        DIR
              -um-       -in           "face"
```

Indicative   AF   **Inf.** humaráp; **Perf.** humarap;
                   Imperf. humaharap; **Cont.** haharap;
                   Rec. Perf. kaháharap

              DF   **Inf.** harapín; **Perf.** hinaráp;
                   Imperf. hinaharap; **Cont.** haharapin

Aptative   AF   **Inf.** makaharáp; **Perf.** nakaharap;
                   Imperf. nakakaharap/nakahaharap;
                   Cont. makakaharap/makahaharap

              DF   **Inf.** maharáp; **Perf.** naharap;
                   Imperf. nahaharap; **Cont.** mahaharap

Causative A_1F **Inf.** magpaharáp; **Perf.** nagpaharap;
                      Imperf. nagpapaharap; **Cont.** magpapaharap

             A_2F **Inf.** paharapín; **Perf.** pinaharáp;
                      Imperf. pinapaharap/pinahaharap;
                      Cont. papaharapin/pahaharapin

Involuntary	AF	**Inf.** mapaharáp; **Perf.** napaharap; **Imperf.** napapaharap; **Cont.** mapapaharap	

HATID

ACT	OBJ	BEN	
mag-	i-	ipag-	"send, bring"

Indicative	AF	**Inf.** maghatíd; **Perf.** naghatid; **Imperf.** naghahatid; **Cont.** maghahatid; **Rec. Perf.** kahahatíd
	OF	**Inf.** ihatíd; **Perf.** ihinatid/inihatid; **Imperf.** ihinahatid/inihahatid; **Cont.** ihahatid
	BF	**Inf.** ipaghatíd; **Perf.** ipinaghatid; **Imperf.** ipinapaghatid/ipinaghahatid; **Cont.** ipapaghatid/ipaghahatid
Aptative	AF	**Inf.** makapaghatíd; **Perf.** nakapaghatid; **Imperf.** nakakapaghatid/nakapaghahatid; **Cont.** makakapaghatid/makapaghahatid
	OF	**Inf.** maihatíd; **Perf.** naihatid; **Imperf.** naihahatid; **Cont.** maihahatid
	BF	**Inf.** maipaghatíd; **Perf.** naipaghatid; **Imperf.** naipapaghatid/naipag-

		hahatid; **Cont.** maipapaghatid/maipaghahatid
Causative	A_1F	**Inf.** magpahatid; **Perf.** nagpahatid; **Imperf.** nagpapahatid; **Cont.** magpapahatid
	A_2F	**Inf.** (pa)paghatirin; **Perf.** pinapaghatid/pinaghatid; **Imperf.** pinapapaghatid/pinapaghahatid/pinaghahatid; **Cont.** papapaghatirin/papaghahatirin/paghahatirin
	OF	**Inf.** ipahatid; **Perf.** ipinahatid; **Imperf.** ipinapahatid/ipinahahatid; **Cont.** ipapahatid/ipahahatid

HAWAK

	ACT	DIR	
	-um-	-an	"hold"

Indicative	AF	**Inf.** humáwak; **Perf.** humawak; **Imperf.** humahawak; **Cont.** hahawak; **Rec. Perf.** kahaháwak
	DF	**Inf.** hawákan; **Perf.** hinawakan; **Imperf.** hinahawakan; **Cont.** hahawakan
Aptative	AF	**Inf.** makaháwak; **Perf.** nakahawak; **Imperf.** nakakahawak/nakahahawak; **Cont.** makakahawak/makahahawak

	DF	**Inf.** mahawákan; **Perf.** nahawakan; **Imperf.** nahahawakan; **Cont.** mahahawakan
Causative	A_1F	**Inf.** magpaháwak; **Perf.** nagpahawak; **Imperf.** nagpapahawak; **Cont.** magpapahawak
	A_2F	**Inf.** pahawákin; **Perf.** pinaháwak; **Imperf.** pinapahawak/pinahahawak; **Cont.** papahawakin/pahahawakin
	DF	**Inf.** pahawákan; **Perf.** pinahawakan; **Imperf.** pinapahawakan/pinahahawakan; **Cont.** papahawakan/pahahawakan
Reciprocal	AF	(pl.) **Inf.** magháwak/maghawakán; **Perf.** naghawak/naghawakan; **Imperf.** naghahawak/naghahawakan; **Cont.** maghahawak/maghahawakan

                                                HIGA

	ACT	DIR	
	ma-/-um-	-an	"lie down" (intransitive)

Indicative	AF	**Inf.** mahigá'; **Perf.** nahiga'; **Imperf.** nahihiga'; **Cont.** mahihiga'
or		
	AF	**Inf.** humigá'; **Perf.** humiga'; **Imperf.** humihiga'; **Cont.** hihiga'; **Rec. Perf.** kahíhiga'

	DF	**Inf.** higaán; **Perf.** hinigaan; **Imperf.** hinihigaan; **Cont.** hihigaan
Aptative	AF	**Inf.** makáhiga'; **Perf.** nakahiga'; **Imperf.** nakakahiga'; **Cont.** makakahiga'
	DF	**Inf.** mahigaán; **Perf.** nahigaan; **Imperf.** nahihigaan; **Cont.** mahihigaan
Causative	A_1F	**Inf.** magpahigá'; **Perf.** nagpahiga'; **Imperf.** nagpapahiga'; **Cont.** magpapahiga'
	A_2F	**Inf.** pahigaín; **Perf.** pinahigá'; **Imperf.** pinapahiga'/pinahihiga'; **Cont.** papahigain/pahihigain
	DF	**Inf.** pahigaán; **Perf.** pinahigaan; **Imperf.** pinapahigaan/pinahihigaan; **Cont.** papahigaan/pahihigaan

	ACT	OBJ	
	mag-	i-	"place in a reclining position"

Indicative	AF	**Inf.** maghigá'; **Perf.** naghiga'; **Imperf.** naghihiga'; **Cont.** maghihiga'; **Rec. Perf.** kahihigá'
	OF	**Inf.** ihigá'; **Perf.** ihiniga'/inihi-

		ga'; **Imperf.** ihinihiga'/inihihiga'; **Cont.** ihihiga'
Aptative	AF	**Inf.** makapaghigá'; **Perf.** nakapaghiga'; **Imperf.** nakakapaghiga'/nakapaghihiga'; **Cont.** makakapaghiga'/makapaghihiga'
	OF	**Inf.** maihigá'; **Perf.** naihiga'; **Imperf.** naihihiga'; **Cont.** maihihiga'
Causative	A_1F	**Inf.** magpahigá'; **Perf.** nagpahiga'; **Imperf.** nagpapahiga'; **Cont.** magpapahiga'
	A_2F	**Inf.** (pa)paghigaín; **Perf.** pinapaghigá'/pinaghigá'; **Imperf.** pinapapaghiga'/pinapaghihiga'/pinaghihiga'; **Cont.** papapaghigain/papaghihigain/paghihigain
	OF	**Inf.** ipahigá'; **Perf.** ipinahiga'; **Imperf.** ipinapahiga'/ipinahihiga'; **Cont.** ipapahiga'/ipahihiga'

HILA

	ACT	OBJ	DIR	INS	
	-um-	-in	-an	ipang-	"pull"

Indicative AF **Inf.** humíla; **Perf.** humila; **Imperf.** humihila; **Cont.** hihila; **Rec. Perf.** kahihíla

OF **Inf.** hiláhin; **Perf.** hiníla; **Imperf.** hinihila; **Cont.** hihilahin

DF **Inf.** hiláhan; **Perf.** hinilahan; **Imperf.** hinihilahan; **Cont.** hihilahan

IF **Inf.** ipanghíla; **Perf.** ipinanghila; **Imperf.** ipinapanghila/ipinanghihila; **Cont.** ipapanghila/ipanghihila

Aptative AF **Inf.** makahíla; **Perf.** nakahila; **Imperf.** nakakahila/nakahihila; **Cont.** makakahila/makahihila

OF **Inf.** mahíla; **Perf.** nahila; **Imperf.** nahihila; **Cont.** mahihila

DF **Inf.** mahiláhan; **Perf.** nahilahan; **Imperf.** nahihilahan; **Cont.** mahihilahan

IF **Inf.** maipanghíla; **Perf.** naipanghila; **Imperf.** naipapanghila/nai-

		panghihila; **Cont.** maipapanghila/maipanghihila
Causative	A_1F	**Inf.** magpahíla; **Perf.** nagpahila; **Imperf.** nagpapahila; **Cont.** magpapahila
	A_2F	**Inf.** paviláhin; **Perf.** pinahíla; **Imperf.** pinapahila/pinahihila; **Cont.** papahilahin/pahihilahin
	OF	**Inf.** ipahíla; **Perf.** ipinahila; **Imperf.** ipinapahila/ipinahihila; **Cont.** ipapahila/ipahihila
Reciprocal	AF	(pl.) **Inf.** maghilahán; **Perf.** naghilahan; **Imperf.** naghihilahan; **Cont.** maghihilahan

                                              HINGA

                     ACT

                   -um-   "breathe"

Indicative	AF	**Inf.** humingá; **Perf.** huminga; **Imperf.** humihinga; **Cont.** hihinga; **Rec. Perf.** kahíhinga
Aptative	A_1F	**Inf.** makahingá; **Perf.** nakahinga; **Imperf.** nakakahinga/nakahihinga; **Cont.** makakahinga/makahihinga
	A_2F	**Inf.** pahingahín; **Perf.** pinahingá; **Imperf.** pinapahinga/pinahihinga; **Cont.** papahingahin/pahihingahin

	OBJ	DIR	
	i-	-an	"reveal one's feelings"

Indicative AF **Inf.** maghingá; **Perf.** naghinga; **Imperf.** naghihinga; **Cont.** maghihinga

OF **Inf.** ihingá; **Perf.** ihininga/inihinga; **Imperf.** ihinihinga/inihihinga; **Cont.** ihihinga

DF **Inf.** hingahán; **Perf.** hiningahan; **Imperf.** hinihingahan; **Cont.** hihingahan

Aptative OF **Inf.** maihingá; **Perf.** naihinga; **Imperf.** naihihinga; **Cont.** maihihinga

DF **Inf.** mahingahán; **Perf.** nahingahan; **Imperf.** nahihingahan; **Cont.** mahihingahan

	PAHINGA	
	ACT	
	mag-	"rest"

Indicative AF **Inf.** magpahingá; **Perf.** nagpahinga; **Imperf.** nagpapahinga; **Cont.** magpapahinga; **Rec. Perf.** kapapahingá

Aptative	AF	Inf. makapagpahingá; Perf. nakapagpahinga; Imperf. nakakapagpahinga/nakapagpapahinga; Cont. makakapagpahinga/makapagpapahinga	

HINGI'

ACT	OBJ	DIR	BEN	
-um-	-in	-an	i-	"ask"

Indicative	AF	Inf. humingí'; Perf. humingi'; Imperf. humihingi'; Cont. hihingi'; Rec. Perf. kahihingí'
	OF	Inf. hingín; Perf. hiningí'; Imperf. hinihingi'; Cont. hihingin
	DF	Inf. hingán; Perf. hiningan; Imperf. hinihingan; Cont. hihingan
Aptative	AF	Inf. makahingí'; Perf. nakahingi'; Imperf. nakakahingi'/nakahihingi'; Cont. makakahingi'/makahihingi'
	OF	Inf. mahingí'; Perf. nahingi'; Imperf. nahihingi'; Cont. mahihingi'
	DF	Inf. mahingán; Perf. nahingan; Imperf. nahihingan; Cont. mahihingan
	BF	Inf. maihingí'; Perf. naihingi'; Imperf. naihihingi'; Cont. maihihingi'

Causative	A_1F	**Inf.** magpahingí'; **Perf.** nagpahingi'; **Imperf.** nagpapahingi'; **Cont.** magpapahingi';
	A_2F	**Inf.** pahingín; **Perf.** pinahingí'; **Imperf.** pinapahingi'/pinahihingi'; **Cont.** papahingin/pahihingin
	OF	**Inf.** ipahingí'; **Perf.** ipinahingi'; **Imperf.** ipinapahingi'/ipinahihingi'; **Cont.** ipapahingi'/ipahihingi'
	DF	**Inf.** pahingán; **Perf.** pinahingan; **Imperf.** pinapahingan/pinahihingan; **Cont.** papahingan/pahihingan

HINTAY

ACT	OBJ	
mag-	-in	"wait"

Indicative	AF	**Inf.** maghintáy; **Perf.** naghintay; **Imperf.** naghihintay; **Cont.** maghihintay; **Rec. Perf.** kahihintáy
	OF	**Inf.** hintayín; **Perf.** hinintáy; **Imperf.** hinihintay; **Cont.** hihintayin
Aptative	AF	**Inf.** makapaghintáy; **Perf.** nakapaghintay; **Imperf.** nakakapaghintay/

		nakapaghihintay; **Cont.** makakapaghintay/makapaghihintay
	OF	**Inf.** mahintáy; **Perf.** nahintay; **Imperf.** nahihintay; **Cont.** mahihintay
Causative	A₁F	**Inf.** magpahintáy; **Perf.** nagpahintay; **Imperf.** nagpapahintay; **Cont.** magpapahintay
	A₂F	**Inf.** (pa)paghintayín; **Perf.** pinapaghintáy/pinaghintáy; **Imperf.** pinapapaghintay/pinapaghihintay/pinaghihintay; **Cont.** papapaghintayin/papaghihintayin/paghihintayin
	OF	**Inf.** ipahintáy; **Perf.** ipinahintay; **Imperf.** ipinapahintay/ipinahihintay; **Cont.** ipapahintay/ipahihintay

HINTO'

		ACT	DIR	
		-um-	-an	"stop" (intransitive)
Indicative	AF			**Inf.** humintó'; **Perf.** huminto'; **Imperf.** humihinto'; **Cont.** hihinto'; **Rec. Perf.** kahihintó'
	DF			**Inf.** hintuán; **Perf.** hinintuan;

		Imperf. hinihintuan; **Cont.** hihintuan
Aptative	AF	**Inf.** makahintó'; **Perf.** nakahinto'; **Imperf.** nakakahinto'/nakahihinto'; **Cont.** makakahinto'/makahihinto'
	DF	**Inf.** mahintuán; **Perf.** nahintuan; **Imperf.** nahihintuan; **Cont.** mahihintuan
Causative	A_1F	**Inf.** magpahintó'; **Perf.** nagpahinto'; **Imperf.** nagpapahinto'; **Cont.** magpapahinto'
	A_2F	**Inf.** pahintuín; **Perf.** pinahintó'; **Imperf.** pinapahinto'/pinahihinto'; **Cont.** papahintuin/pahihintuin
	DF	**Inf.** pahintuán; **Perf.** pinahintuan; **Imperf.** pinapahintuan/pinahihintuan; **Cont.** papahintuan/pahihintuan
Involuntary	AF	**Inf.** mapahintó'; **Perf.** napahinto'; **Imperf.** napapahinto'/napahihinto'; **Cont.** mapapahinto'/mapahihinto'

		ACT	OBJ	DIR	
		mag-	i-	-an	"stop"

Indicative	AF	**Inf.** maghintó'; **Perf.** naghinto'; **Imperf.** naghihinto'; **Cont.** maghihinto'
	OF	**Inf.** ihintó'; **Perf.** ihininto'/inihinto'; **Imperf.** ihinihinto'/inihihinto'; **Cont.** ihihinto'; **Rec. Perf.** kahihintó'
Aptative	AF	**Inf.** makapaghintó'; **Perf.** nakapaghinto'; **Imperf.** nakakapaghinto'/nakapaghihinto'; **Cont.** makakapaghinto'/makapaghihinto'
Causative	A_1F	**Inf.** magpahintó'; **Perf.** nagpahinto'; **Imperf.** nagpapahinto'; **Cont.** magpapahinto'
	A_2F	**Inf.** (pa)paghintuín; **Perf.** pinapaghintó'/pinaghintó'; **Imperf.** pinapapaghinto'/pinapaghihinto'/pinaghihinto'; **Cont.** papapaghintuin/papaghihintuin/paghihintuin
	OF	**Inf.** ipahintó'; **Perf.** ipinahinto'; **Imperf.** ipinapahinto'/ipinahihinto'; **Cont.** ipapahinto'/ipahihinto'

HIRAM

	ACT	OBJ	DIR	BEN	
	-um-	-in	-an	i-	"borrow"

Indicative		AF	**Inf.** humirám; **Perf.** humiram; **Imperf.** humihiram; **Cont.** hihiram; **Rec. Perf.** kahíhiram
		OF	**Inf.** hiramín; **Perf.** hinirám; **Imperf.** hinihiram; **Cont.** hihiramin
		DF	**Inf.** hiramán; **Perf.** hiniraman; **Imperf.** hinihiraman; **Cont.** hihiraman
		BF	**Inf.** ihirám; **Perf.** ihiniram/inihiram; **Imperf.** ihinihiram/inihihiram; **Cont.** ihihiram
Aptative		AF	**Inf.** makahirám; **Perf.** nakahiram; **Imperf.** nakakahiram/nakahihiram; **Cont.** makakahiram/makahihiram
		OF	**Inf.** mahirám; **Perf.** nahiram; **Imperf.** nahihiram; **Cont.** mahihiram
		DF	**Inf.** mahiramán; **Perf.** nahiraman; **Imperf.** nahihiraman; **Cont.** mahihiraman
		BF	**Inf.** maihirám; **Perf.** naihiram; **Imperf.** naihihiram; **Cont.** maihihiram
Causative		A_1F	**Inf.** magpahirám; **Perf.** nagpahiram;

		Imperf. nagpapahiram; **Cont.** magpapahiram
	A₂F	**Inf.** pahiramín; **Perf.** pinahirám; **Imperf.** pinapahiram/pinahihiram; **Cont.** papahiramin/pahihiramin
	OF	**Inf.** ipahirám; **Perf.** ipinahiram; **Imperf.** ipinapahiram/ipinahihiram; **Cont.** ipapahiram/ipahihiram
	DF	**Inf.** pahiramán; **Perf.** pinahiraman; **Imperf.** pinapahiraman/pinahihiraman; **Cont.** papahiraman/pahihiraman
Distributive	AF	**Inf.** manghirám; **Perf.** nanghiram; **Imperf.** nanghihiram; **Cont.** manghihiram

HIWA'

ACT	OBJ	DIR	BEN	INS	
-um-/mag-	-in	-an	i-	ipang-	"cut, slice"

Indicative	AF	**Inf.** humíwa'; **Perf.** humiwa'; **Imperf.** humihiwa'; **Cont.** hihiwa'; **Rec. Perf.** kahihíwa'
	or	
	AF	**Inf.** maghíwa'; **Perf.** naghiwa'; **Imperf.** naghihiwa'; **Cont.** maghihiwa'

	OF	**Inf.** hiwáin; **Perf.** hiniwa'; **Imperf.** hinihiwa'; **Cont.** hihiwain
	DF	**Inf.** hiwáan; **Perf.** hiniwaan; **Imperf.** hinihiwaan; **Cont.** hihiwaan
	BF	**Inf.** ihiwa'; **Perf.** ihiniwa'/inihiwa'; **Imperf.** ihinihiwa'/inihihiwa'; **Cont.** ihihiwa'
Aptative	AF	**Inf.** makahiwa'; **Perf.** nakahiwa'; **Imperf.** nakakahiwa'/nakahihiwa'; **Cont.** makakahiwa'/makahihiwa'
	OF	**Inf.** mahiwa'; **Perf.** nahiwa'; **Imperf.** nahihiwa'; **Cont.** mahihiwa'
	DF	**Inf.** mahiwáan; **Perf.** nahiwaan; **Imperf.** nahihiwaan; **Cont.** mahihiwaan
	BF	**Inf.** maihiwa'; **Perf.** naihiwa'; **Imperf.** naihihiwa'; **Cont.** maihihiwa
	IF	**Inf.** maipanghiwa'; **Perf.** naipanghiwa'; **Imperf.** naipapanghiwa/naipanghihiwa'; **Cont.** maipapanghiwa'/maipanghihiwa'
Causative	A₁F	**Inf.** magpahiwa'; **Perf.** nagpahiwa'; **Imperf.** nagpapahiwa'; **Cont.** magpapahiwa'
	A₂F	**Inf.** (pa)paghiwáin; **Perf.** pinapaghiwa'/pinaghiwa'; **Imperf.** pinapa-

paghiwa'/pinapaghihiwa'/pinaghihiwa; **Cont.** papapaghiwain/papaghihiwain/paghihiwain

OF   **Inf.** ipahíwa'; **Perf.** ipinahiwa'; **Imperf.** ipinapahiwa'/ipinahihiwa'; **Cont.** ipapahiwa'/ipahihiwa'

HIYA'

         ACT$_u$ REA
         ma-   ika-   "be shy, ashamed"

Indicative   AF   **Inf.** mahiyá'; **Perf.** nahiya'; **Imperf.** nahihiya'; **Cont.** mahihiya'

                   RF   **Inf.** ikahiyá'; **Perf.** ikinahiya'; **Imperf.** ikinakahiya'/ikinahihiya'; **Cont.** ikakahiya'/ikahihiya'

Involuntary   AF   **Inf.** mápahiya'; **Perf.** napahiya'; **Imperf.** napapahiya'; **Cont.** mapapahiya'

         ACT   DIR
         (-um-)   -in   "shame X"

Indicative   DF   **Inf.** hiyain; **Perf.** hiniyá'; **Imperf.** hinihiya'; **Cont.** hihiyain

ACT

magka- -an   "be ashamed/shy with each other"

Reciprocal   AF   (pl.) **Inf.** magkahiyáan; **Perf.** nagkahiyaan; **Imperf.** nagkakahiyaan; **Cont.** magkakahiyaan

HUGAS

	ACT	OBJ	BEN	INS	
	mag-	-an	ipag-	ipang-	"wash"

Indicative   AF   **Inf.** maghúgas; **Perf.** naghugas; **Imperf.** naghuhugas; **Cont.** maghuhugas; **Rec. Perf.** kahuhúgas

            OF   **Inf.** hugásan; **Perf.** hinugasan; **Imperf.** hinuhugasan; **Cont.** huhugasan

            BF   **Inf.** ipaghúgas; **Perf.** ipinaghugas; **Imperf.** ipinaghuhugas; **Cont.** ipaghuhugas

            IF   **Inf.** ipanghúgas; **Perf.** ipinanghuhugas; **Imperf.** ipinapanghugas/ipinanghuhugas; **Cont.** ipapanghugas/ipanghuhugas

Aptative   AF   **Inf.** makapaghúgas; **Perf.** nakapaghugas; **Imperf.** nakakapaghugas/

		nakapaghuhugas; **Cont.** makakapaghugas/makapaghuhugas
	OF	**Inf.** mahugásan; **Perf.** nahugasan; **Imperf.** nahuhugasan; **Cont.** mahuhugasan
	BF	**Inf.** maipaghúgas; **Perf.** naipaghugas; **Imperf.** naipapaghugas/naipaghuhugas; **Cont.** maipapaghugas/maipaghuhugas
	IF	**Inf.** maipanghúgas; **Perf.** naipanghugas; **Imperf.** naipapanghugas/naipanghuhugas; **Cont.** maipapanghugas/maipanghuhugas
Causative	A_1F	**Inf.** magpahúgas; **Perf.** nagpahugas; **Imperf.** nagpapahugas; **Cont.** magpapahugas
	A_2F	**Inf.** (pa)paghugásin; **Perf.** pinapaghúgas/pinaghúgas; **Imperf.** pinapapaghugas/pinapaghuhugas/pinaghuhugas; **Cont.** papapaghugasin/papaghuhugasin/paghuhugasin
	OF	**Inf.** pahugásan; **Perf.** pinahugasan; **Imperf.** pinapahugasan/pinahuhugasan; **Cont.** papahugasan/pahuhugasan
or		
	OF	**Inf.** ipahúgas; **Perf.** ipinahugas; **Imperf.** ipinapahugas/ipinahuhugas; **Cont.** ipapahugas/ipahuhugas

HULI

	ACT	OBJ	BEN	INS	
	-um-	-in	i-	ipang-	"catch"

Indicative   AF   **Inf.** humúli; **Perf.** humuli; **Imperf.** humuhuli; **Cont.** huhuli; **Rec. Perf.** kahuhúli

                  OF   **Inf.** hulíhin; **Perf.** hinúli'; **Imperf.** hinuhuli; **Cont.** huhulihin

                  BF   **Inf.** ihúli; **Perf.** ihinuli/inihuli; **Imperf.** ihinuhuli/inihuhuli; **Cont.** ihuhuli

                  IF   **Inf.** ipanghúli; **Perf.** ipinanghuli; **Imperf.** ipinapanghuli/ipinanghuhuli; **Cont.** ipapanghuli/ipanghuhuli

Aptative   AF   **Inf.** makahúli; **Perf.** nakahuli'; **Imperf.** nakakahuli/nakahuhuli; **Cont.** makakahuli/makahuhuli

                  OF   **Inf.** mahúli; **Perf.** nahuli; **Imperf.** nahuhuli; **Cont.** mahuhuli

                  BF   **Inf.** maihúli; **Perf.** naihuli; **Imperf.** naihuhuli; **Cont.** maihuhuli

                  IF   **Inf.** maipanghúli; **Perf.** naipang-

		huli; **Imperf.** naipapanghuli/naipanghuhuli; **Cont.** maipapanghuli/maipanghuhuli
Causative	A₁F	**Inf.** magpahúli; **Perf.** nagpahuli; **Imperf.** nagpapahuli; **Cont.** magpapahuli
	A₂F	**Inf.** pahulihin; **Perf.** pinahúli; **Imperf.** pinapahuli/pinahuhuli; **Cont.** papahulihin/pahuhulihin
	OF	**Inf.** ipahúli; **Perf.** ipinahuli; **Imperf.** ipinapahuli/ipinahuhuli; **Cont.** ipapahuli/ipahuhuli

                                                    HULI

ACT

ma—   "be late, be last"

Accidental	AF	**Inf.** mahuli; **Perf.** nahuli; **Imperf.** nahuhuli; **Cont.** mahuhuli
Causative	A₁F	**Inf.** magpahuli; **Perf.** nagpahuli; **Imperf.** nagpapahuli; **Cont.** magpapahuli

IBIG

		ACT	OBJ	
		-um-	-in	"love"

Indicative	AF	**Inf.** umíbig; **Perf.** umibig; **Imperf.** umiibig; **Cont.** iibig; **Rec. Perf.** kaiibig	
	OF	**Inf.** ibígin; **Perf.** iníbig; **Imperf.** iniibig; **Cont.** iibigin	
Aptative	AF	**Inf.** makaíbig; **Perf.** nakaibig; **Imperf.** nakakaibig/nakaiibig; **Cont.** makakaibig/makaiibig	
Causative	A_1F	**Inf.** magpaíbig; **Perf.** nagpaibig; **Imperf.** nagpapaibig; **Cont.** magpapaibig	
	A_2F	**Inf.** paibígin; **Perf.** pinaíbig; **Imperf.** pinapaibig/pinaiibig; **Cont.** papaibigin/paiibigin	
	OF	**Inf.** ipaíbig; **Perf.** ipinaibig; **Imperf.** ipinapaibig/ipinaiibig; **Cont.** ipapaibig/ipaiibig	
Reciprocal	AF	**Inf.** magkaibigán; **Perf.** nagkaibigan; **Imperf.** nagkakaibigan; **Cont.** magkakaibigan	

		ACT	DIR	
		maka-	ma- -an	"like"
Aptative	AF	Inf. makaíbig; Perf. nakaibig; Imperf. nakakaibig/nakaiibig; Cont. makakaibig/makaiibig		
	DF	Inf. maibígan; Perf. naibigan; Imperf. naiibigan; Cont. maiibigan		

				INGAY
		ACT$_u$	REA	
		-um-	ika-	"become noisy"
Indicative	AF	Inf. umíngay; Perf. umingay; Imperf. umiingay; Cont. iingay; Rec. Perf. kaiíngay		
	RF	Inf. ikaíngay; Perf. ikinaingay; Imperf. ikinakaingay/ikinaiingay; Cont. ikakaingay/ikaiingay		
Aptative	RF	Inf. makaíngay; Perf. nakaingay; Imperf. nakakaingay/nakaiingay; Cont. makakaingay/makaiingay		

                  ACT
                  mag-   "make noise"

Intensive   AF   **Inf.** mag-ingáy; **Perf.** nag-ingay; **Imperf.** nag-iingay; **Cont.** mag-iingay

Aptative   AF   **Inf.** makapag-ingáy; **Perf.** nakapag-ingay; **Imperf.** nakakapag-ingay/nakapag-iingay; **Cont.** makakapag-ingay/makapag-iingay

                ACT_u
                ma- -an   "be affected by noise"

Indicative   AF   **Inf.** maingáyan; **Perf.** naingayan; **Imperf.** naiingayan; **Cont.** maiingayan

                                INIT
                ACT_u REA
                -um-   ika-   "become hot"

Indicative   AF   **Inf.** umínit; **Perf.** uminit; **Imperf.** umiinit; **Cont.** iinit; **Rec. Perf.** kaiínit

               RF   **Inf.** ikaínit; **Perf.** ikinainit;

Aptative	RF	**Imperf.** ikinakainit/ikinaiinit; **Cont.** ikakainit/ikaiinit **Inf.** makainit; **Perf.** nakainit; **Imperf.** nakakainit/nakaiinit; **Cont.** makakainit/makaiinit

          ACT   OBJ

          mag-   -in   "heat (over fire)"

Indicative	AF	**Inf.** mag-init; **Perf.** nag-init; **Imperf.** nag-iinit; **Cont.** mag-iinit; **Rec. Perf.** kaiinit
	OF	**Inf.** initin; **Perf.** ininit; **Imperf.** iniinit; **Cont.** iinitin
Aptative	AF	**Inf.** makapag-init; **Perf.** nakapag-init; **Imperf.** nakakapag-init/nakapag-iinit; **Cont.** makakapag-init/makapag-iinit
	OF	**Inf.** mainit; **Perf.** nainit; **Imperf.** naiinit; **Cont.** maiinit
Causative	$A_1 f$	**Inf.** magpainit; **Perf.** nagpainit; **Imperf.** nagpapainit; **Cont.** magpapainit
	$A_2 F$	**Inf.** (pa)pag-initin; **Perf.** pinapag-init/pinag-init; **Imperf.** pinapapag-init/pinapag-iinit/pinag-

			iinit; **Cont.** papapag-initin/papag-iinitin/pag-iinitin
		OF	**Inf.** ipainit; **Perf.** ipinainit; **Imperf.** ipinapainit/ipinaiinit; **Cont.** ipapainit/ipaiinit

					INOM
		ACT	OBJ	LOC	
		-um-	in-	-an	"drink"
Indicative		AF	**Inf.** uminóm; **Perf.** uminom; **Imperf.** umiinom; **Cont.** iinom; **Rec. Perf.** kaiinom		
		OF	**Inf.** inumín; **Perf.** ininóm; **Imperf.** iniinom; **Cont.** iinumin		
		LF	**Inf.** inumán; **Perf.** ininuman; **Imperf.** iniinuman; **Cont.** iinuman		
Aptative		AF	**Inf.** makainóm; **Perf.** nakainom; **Imperf.** nakakainom/nakaiinom; **Cont.** makakainom/makaiinom		
		OF	**Inf.** mainóm; **Perf.** nainom; **Imperf.** naiinom; **Cont.** maiinom		
		LF	**Inf.** mainumán; **Perf.** nainuman; **Imperf.** naiinuman; **Cont.** maiinuman		
Causative		A_1F	**Inf.** magpainóm; **Perf.** nagpainom; **Imperf.** nagpapainom; **Cont.** magpapainom		

A_2F		**Inf.** painumín; **Perf.** pinainóm; **Imperf.** pinapainom/pinaiinom; **Cont.** papainumin/paiinumin
	OF	**Inf.** ipainóm; **Perf.** ipinainom; **Imperf.** ipinapainom/ipinaiinom; **Cont.** ipapainom/ipaiinom

INTINDI

ACT	OBJ	
(-um-)	-in	"understand"

Indicative	OF	**Inf.** intindihín; **Perf.** inintindí; **Imperf.** iniintindi; **Cont.** iintindihin; **Rec. Perf.** kaiintindí
Aptative	AF	**Inf.** makaintindí; **Perf.** nakaintindi; **Imperf.** nakakaintindi/nakaiintindi; **Cont.** makakaintindi/makaiintindi
	OF	**Inf.** maintindihán; **Perf.** naintindihan; **Imperf.** naiintindihan; **Cont.** maiintindihan
Causative	OF	**Inf.** ipaintindí; **Perf.** ipinaintindi; **Imperf.** ipinapaintindi/ipinaiintindi; **Cont.** ipapaintindi/ipaiintindi
Reciprocal	AF	(pl.) **Inf.** magkaintindihan; **Perf.** nagkaintindihan; **Imperf.** nagkaka-

intindihan/nagkaiintindihan; **Cont.** magkakaintindihan/magkaiintindihan

        ACT   OBJ
        mag-   -in   "attend to, take charge of"

Indicative		AF	**Inf.** mag-intindí; **Perf.** nag-intindi; **Imperf.** nag-iintindi; **Cont.** mag-iintindi; **Rec. Perf.** kaiintindí
		OF	**Inf.** intindihín; **Perf.** inintindí; **Imperf.** iniintindi; **Cont.** iintindihin
Causative		A_1F	**Inf.** magpaintindí; **Perf.** nagpaintindi; **Imperf.** nagpapaintindi; **Cont.** magpapaintindi
		A_2F	**Inf.** (pa)pag-intindihín; **Perf.** pinapag-intindí/pinag-intindí; **Imperf.** pinapapag-intindi/pinapag-iintindi/pinag-iintindi; **Cont.** papapag-intindihin/papag-iintindihin/pag-iintindihin
		OF	**Inf.** ipaintindí; **Perf.** ipinaintindi; **Imperf.** ipinapaintindi/ipinaiintindi; **Cont.** ipapaintindi/ipaiintindi

IPON

          OBJ
          ma-   "become collected
                     or gathered together"

Indicative   OF   **Inf.** maípon; **Perf.** naipon; **Imperf.** naiipon; **Cont.** maiipon; **Rec. Perf.** kaiípon

                ACT   OBJ
                mag-   -in   "collect, save"

Indicative   AF   **Inf.** mag-ípon; **Perf.** nag-ipon; **Imperf.** nag-iipon; **Cont.** mag-iipon; **Rec. Perf.** kaiípon

              OF   **Inf.** ipúnin; **Perf.** inipon; **Imperf.** iniipon; **Cont.** iipunin

Aptative   AF   **Inf.** makapag-ípon; **Perf.** nakapag-ipon; **Imperf.** nakakapag-ipon/nakapag-iipon; **Cont.** makakapag-ipon/makapag-iipon

              OF   **Inf.** maípon; **Perf.** naipon; **Imperf.** naiipon; **Cont.** maiipon

Causative A_1F **Inf.** magpaípon; **Perf.** nagpaipon; **Imperf.** nagpapaipon; **Cont.** magpapaipon

              A_2F **Inf.** (pa)pag-ipúnin; **Perf.** pina-

	OF	**Inf.** pag-ipon/pinag-ipon; **Imperf.** pina-papag-ipon/pinapag-iipon/pinag-iipon; **Cont.** papapag-ipunin/papag-iipunin/pag-iipunin
	OF	**Inf.** ipaipon; **Perf.** ipinaipon; **Imperf.** ipinapaipon/ipinaiipon; **Cont.** ipapaipon/ipaiipon

ISIP

	ACT	OBJ	
	mag-	-in/pag- -an	"think"

Indicative	AF	**Inf.** mag-isip; **Perf.** nag-isip; **Imperf.** nag-iisip; **Cont.** mag-iisip; **Rec. Perf.** kaiisip
	OF	**Inf.** isipin; **Perf.** inisip; **Imperf.** iniisip; **Cont.** iisipin
	or	
	OF	**Inf.** pag-isipan; **Perf.** pinag-isipan; **Imperf.** pinag-iisipan; **Cont.** pag-iisipan
Aptative	AF	**Inf.** makapag-isip; **Perf.** nakapag-isip; **Imperf.** nakakapag-isip/nakapag-iisip; **Cont.** makakapag-isip/makapag-iisip
	OF	**Inf.** maisip; **Perf.** naisip; **Imperf.** naiisip; **Cont.** maiisip
	or	

	OF	**Inf.** mapag-isipan; **Perf.** napag-isipan; **Imperf.** napag-iisipan; **Cont.** mapag-iisipan
Causative	A_1F	**Inf.** magpaisip; **Perf.** nagpaisip; **Imperf.** nagpapaisip; **Cont.** magpapaisip
	A_2F	**Inf.** (pa)pag-isipin; **Perf.** pinapag-isip/pinag-isip; **Imperf.** pinapapag-isip/pinapag-iisip/pinag-iisip; **Cont.** papapag-isipin/papag-iisipin/pag-iisipin
	OF	**Inf.** ipaisip; **Perf.** ipinaisip; **Imperf.** ipinapaisip/ipinaiisip; **Cont.** ipapaisip/ipaiisip
Accidental	AF	**Inf.** makaisip; **Perf.** nakaisip; **Imperf.** nakakaisip/nakaiisip; **Cont.** makakaisip/makaiisip
	OF	**Inf.** maisipan; **Perf.** naisipan; **Imperf.** naiisipan; **Cont.** maiisipan

IWAN

ACT	OBJ	DIR	
mag-	i-	-an	"leave behind"

Indicative	AF	**Inf.** mag-iwan; **Perf.** nag-iwan; **Imperf.** nag-iiwan; **Cont.** mag-iiwan; **Rec. Perf.** kaiiwan

	OF	**Inf.** íwan; **Perf.** iniwan; **Imperf.** iniiwan; **Cont.** iiwan
	DF	**Inf.** iwánan; **Perf.** iniwanan; **Imperf.** iniiwanan; **Cont.** iiwanan
Aptative	AF	**Inf.** makapag-íwan; **Perf.** nakapag-iwan; **Imperf.** nakakapag-iwan/nakapag-iiwan; **Cont.** makakapag-iwan/makapag-iiwan
	OF	**Inf.** maíwan; **Perf.** naiwan; **Imperf.** naiiwan; **Cont.** maiiwan
	DF	**Inf.** maiwánan; **Perf.** naiwanan; **Imperf.** naiiwanan; **Cont.** maiiwanan
Causative	A_1F	**Inf.** magpaíwan; **Perf.** nagpaiwan; **Imperf.** nagpapaiwan; **Cont.** magpapaiwan
	A_2F	**Inf.** (pa)pag-iwánin; **Perf.** pinapag-íwan/pinag-íwan; **Imperf.** pinapapag-iwan/pinapag-iiwan/pinag-iiwan; **Cont.** papapag-iwanin/papag-iiwanin/pag-iiwanin
	OF	**Inf.** ipaíwan; **Perf.** ipinaiwan; **Imperf.** ipinapaiwan/ipinaiiwan; **Cont.** ipapaiwan/ipaiiwan
	DF	**Inf.** paiwánan; **Perf.** pinaiwanan; **Imperf.** pinapaiwanan/pinaiiwanan; **Cont.** papaiwanan/paiiwanan

ACT_u

ma—   "be left behind"

Indicative	AF	**Inf.** maíwan; **Perf.** naiwan; **Imperf.** naiiwan; **Cont.** maiiwan
Accidental	AF	**Inf.** maiwánan; **Perf.** naiwanan; **Imperf.** naiiwanan; **Cont.** maiiwanan
Causative	A_1F	**Inf.** magpaiwan; **Perf.** nagpaiwan; **Imperf.** nagpapaiwan; **Cont.** magpapaiwan

IYAK

ACT   DIR
-um-   -an   "cry"

Indicative	AF	**Inf.** umiyák; **Perf.** umiyak; **Imperf.** umiiyak; **Cont.** iiyak; **Rec. Perf.** kaíiyak
	DF	**Inf.** iyakán; **Perf.** iniyakan; **Imperf**; iniiyakan; **Cont.** iiyakan
Aptative	AF	**Inf.** makaiyák; **Perf.** nakaiyak; **Imperf.** nakakaiyak/nakaiiyak; **Cont.** makakaiyak/makaiiyak
	DF	**Inf.** maiyakán; **Perf.** naiyakan; **Imperf.** naiiyakan; **Cont.** maiiyakan
Causative	A_1F	**Inf.** magpaiyák; **Perf.** nagpaiyak; **Imperf.** nagpapaiyak; **Cont.** magpapaiyak

Intensive	A₂F		**Inf.** paiyakín; **Perf.** pinaiyák; **Imperf.** pinapaiyak/pinaiiyak; **Cont.** papaiyakin/paiiyakin
	AF		**Inf.** mag-iiyák; **Perf.** nag-iiyak; **Imperf.** nag-iiiyak; **Cont.** mag-iiiyak
	or		
	AF		**Inf.** mag-umiyák; **Perf.** nag-umiyak; **Imperf.** nag-uumiyak; **Cont.** mag-uumiyak
Involuntary	AF		**Inf.** mapaiyák; **Perf.** napaiyak; **Imperf.** napapaiyak; **Cont.** mapapaiyak

KAGAT

	ACT	OBJ	DIR	
	-um-	-in	-an	"bite"
Indicative	AF			**Inf.** kumagát; **Perf.** kumagat; **Imperf.** kumakagat; **Cont.** kakagat; **Rec. Perf.** kakákagat
	OF			**Inf.** kagatín; **Perf.** kinagát; **Imperf.** kinakagat; **Cont.** kakagatin
	DF			**Inf.** kagatán; **Perf.** kinagatan; **Imperf.** kinakagatan; **Cont.** kakagatan
Aptative	AF			**Inf.** makakagát; **Perf.** nakakagat;

		Imperf. nakakakagat; **Cont.** makakakagat
	OF	**Inf.** makagát; **Perf.** nakagat; **Imperf.** nakakagat; **Cont.** makakagat
	DF	**Inf.** makagatán; **Perf.** nakagatan; **Imperf.** nakakagatan; **Cont.** makakagatan
Causative	A₁F	**Inf.** magpakagát; **Perf.** nagpakagat; **Imperf.** nagpapakagat; **Cont.** magpapakagat
	A₂F	**Inf.** pakagatín; **Perf.** pinakagát; **Imperf.** pinapakagat/pinakakagat; **Cont.** papakagatin/pakakagatin
	OF	**Inf.** ipakagát; **Perf.** ipinakagat; **Imperf.** ipinapakagat/ipinakakagat; **Cont.** ipapakagat/ipakakagat
	DF	**Inf.** pakagatán; **Perf.** pinakagatan; **Imperf.** pinapakagatan/pinakakagatan; **Cont.** papakagatan/pakakagatan

KAIN

	ACT	OBJ	LOC	
	-um-	-in	-an	"eat"
Indicative	AF	**Inf.** kumáin; **Perf.** kumain; **Imperf.** kumakain; **Cont.** kakain; **Rec. Perf.** kakakáin		

	OF	**Inf.** kánin/kaínin; **Perf.** kináin **Imperf.** kinakain; **Cont.** kakanin/kakainin
	LF	**Inf.** kaínan; **Perf.** kinainan; **Imperf.** kinakainan; **Cont.** kakainan
Aptative	AF	**Inf.** makakáin; **Perf.** nakakain; **Imperf.** nakakakain; **Cont.** makakakain
	OF	**Inf.** makáin; **Perf.** nakain; **Imperf.** nakakain; **Cont.** makakain
	LF	**Inf.** makaínan; **Perf.** nakainan; **Imperf.** nakakainan; **Cont.** makakainan
Causative	A_1F	**Inf.** magpakáin; **Perf.** nagpakain; **Imperf.** nagpapakain; **Cont.** magpapakain
	A_2F	**Inf.** paka(i)nin; **Perf.** pinakáin; **Imperf.** pinapakain/pinakakain; **Cont.** papaka(i)nin/pakaka(i)nin
	OF	**Inf.** ipakáin; **Perf.** ipinakain; **Imperf.** ipinapakain/ipinakakain; **Cont.** ipapakain/ipakakain
Intensive	AF	**Inf.** magkakaín; **Perf.** nagkakain; **Imperf.** nagkakakain; **Cont.** magkakakain

                                               KANTA
                    ACT   OBJ   DIR   BEN
                    -um-   -in   -an   -i   "sing"

Indicative   AF   **Inf.** kumantá; **Perf.** kumanta;
                     Imperf. kumakanta; **Cont.** kakanta;
                     Rec. Perf. kakakantá
               OF   **Inf.** kantahán; **Perf.** kinantahan;
                     Imperf. kinakantahan; **Cont.**
                     kakantahan
               BF   **Inf.** ikantá; **Perf.** ikinanta;
                     Imperf. ikinakanta; **Cont.** ikakanta
Aptative   AF   **Inf.** makakantá; **Perf.** nakakanta;
                     Imperf. nakakakanta; **Cont.**
                     makakakanta
               OF   **Inf.** makantá; **Perf.** nakanta;
                     Imperf. nakakanta; **Cont.** makakanta
               DF   **Inf.** makantahán; **Perf.** nakantahan;
                     Imperf. nakakantahan; **Cont.**
                     makakantahan
               BF   **Inf.** maikantá; **Perf.** naikanta;
                     Imperf. naikakanta; **Cont.**
                     maikakanta
Causative A_1F **Inf.** magpakantá; **Perf.** nagpakanta;
                     Imperf. nagpapakanta; **Cont.**
                     magpapakanta
               A_2F **Inf.** pakantahín; **Perf.** pinakantá;

		Imperf. pinapakanta/pinakakanta; **Cont.** papakantahin/pakakantahin
	OF	**Inf.** ipakantá; **Perf.** ipinakanta; **Imperf.** ipinapakanta/ipinakakanta; **Cont.** ipapakanta/ipakakanta
	DF	**Inf.** pakantahán; **Perf.** pinatahan; **Imperf.** pinapakantahan/pinakakantahan; **Cont.** papakantahan/pakakantahan
Aptative–Causative	A$_2$F	**Inf.** mapakantá; **Perf.** napakanta; **Imperf.** napapakanta/napakakanta; **Cont.** mapapakanta/mapakakanta
	OF	**Inf.** máipakanta; **Perf.** naipakanta; **Imperf.** naipapakanta/naipakakanta; **Cont.** maipapakanta/maipakakanta
Involuntary	AF	**Inf.** mápakanta; **Perf.** napakanta; **Imperf.** napapakanta; **Cont.** mapapakanta
Reciprocal	AF	(pl.) **Inf.** magkantáhan; **Perf.** nagkantahan; **Imperf.** nagkakantahan; **Cont.** magkakantahan

			KASAL
		OBJ	
		i-	"get married"

Indicative	OF	**Inf.** ikasál; **Perf.** ikinasal; **Imperf.** ikinakasal; **Cont.** ikakasal; **Rec. Perf.** kakákasal
Aptative	OF	**Inf.** ma(i)kasál; **Perf.** na(i)kasal; **Imperf.** na(i)kakasal; **Cont.** ma(i)kakasal
Causative	A_1F	**Inf.** magpakasál; **Perf.** nagpakasal; **Imperf.** nagpapakasal; **Cont.** magpapakasal
	DF	**Inf.** pakasalán; **Perf.** pinakasalan; **Imperf.** pinapakasalan/pinakakasalan; **Cont.** papakasalan/pakakasalan
Involuntary	AF	**Inf.** mápakasal; **Perf.** napakasal; **Imperf.** napapakasal; **Cont.** mapapakasal

				KILALA
		ACT	OBJ	
		maka-	ma-	"recognize"

Aptative	AF	**Inf.** makákilala; **Perf.** nakakilala; **Imperf.** nakakakilala/nakakikilala;

		Cont. makakakilala/makakikilala;

             Rec. Perf. kakákakilala

     OF   Inf. makilála; Perf. nakilala; Imperf. nakikilala; Cont. makikilala

           ACT   OBJ
           -um-   -in   "give recognition"

Indicative   AF   Inf. kumilála; Perf. kumilala; Imperf. kumikilala; Cont. kikilala; Rec. Perf. kakíkilala

           OF   Inf. kilalánin; Perf. kinilála; Imperf. kinikilala; Cont. kikilalanin

           PAKILALA
           ACT   DIR
           mag-   i-   "introduce"

Indicative   AF   Inf. magpakilála; Perf. nagpakilala; Imperf. nagpapakilala; Cont. magpapakilala; Rec. Perf. kapapakilála

           DF   Inf. ipakilála; Perf. ipinakilala; Imperf. ipinapakilala/ipinakikilala; Cont. ipapakilala/ipakikilala

Aptative	AF	**Inf.** makapagpakilála; **Perf.** nakapagpakilala; **Imperf.** nakakapagpakilala/nakapagpapakilala; **Cont.** makakapagpakilala/makapagpapakilala
	DF	**Inf.** maipakilála; **Perf.** naipakilala; **Imperf.** naipapakilala/naipakikilala; **Cont.** maipapakilala/maipakikilala

KILOS

ACT

—um— "move, do something"

Indicative	AF	**Inf.** kumilos; **Perf.** kumilos; **Imperf.** kumikilos; **Cont.** kikilos; **Rec. Perf.** kakikilos
Aptative	AF	**Inf.** makakilos; **Perf.** nakakilos; **Imperf.** nakakakilos/nakakikilos; **Cont.** makakakilos/makakikilos
Causative	A_1F	**Inf.** magpakilos; **Perf.** nagpakilos; **Imperf.** nagpapakilos; **Cont.** magpapakilos
	A_2F	**Inf.** pakilúsin; **Perf.** pinakilos; **Imperf.** pinapakilos/pinakikilos; **Cont.** papakilusin/pakikilusin

  KITA

                    ACT   OBJ
                    maka-   ma-   "see"

Aptative   AF **Inf.** makakita; **Perf.** nakakita;
                    Imperf. nakakakita; **Cont.**
                    makakakita; **Rec. Perf.** kakakakita
                OF **Inf.** makita; **Perf.** nakita; **Imperf.**
                    nakikita; **Cont.** makikita
Causative   A₁ **Inf.** magpakita; **Perf.** nagpakita;
                    Imperf. nagpapakita; **Cont.** magpa-
                    pakita
                OF **Inf.** ipakita; **Perf.** ipinakita;
                    Imperf. ipinapakita/ipinakikita;
                    Cont. ipapakita/ipakikita
                DF **Inf.** pakitáan; **Perf.** pinakitaan;
                    Imperf. pinapakitaan/pinakikitaan;
                    Cont. papakitaan/pakikitaan
Aptative-   OF **Inf.** maipakita; **Perf.** naipakita;
Causative   **Imperf.** naipapakita/naipakikita;
                    Cont. maipapakita/maipakikita

		ACT			
		mag-			"meet"

Reciprocal   AF   (pl.) **Inf.** magkita; **Perf.** nagkita; **Imperf.** nagkikita; **Cont.** magkikita

						KOPYA
		ACT	OBJ	DIR	BEN	
		-um-	-in	-an	i-	"copy"

Indicative   AF   **Inf.** kumópya; **Perf.** kumopya; **Imperf.** kumokopya; **Cont.** kokopya; **Rec. Perf.** kakokópya

OF   **Inf.** kópyahin; **Perf.** kinópya; **Imperf.** kinokopya; **Cont.** kokopyahin

DF   **Inf.** kópyahan; **Perf.** kinopyahan; **Imperf.** kinokopyahan; **Cont.** kokopyahan

BF   **Inf.** ikópya; **Perf.** ikinopya; **Imperf.** ikinokopya; **Cont.** ikokopya

Aptative   AF   **Inf.** makakópya; **Perf.** nakakopya; **Imperf.** nakakakopya/nakakokopya; **Cont.** makakakopya/makakokopya

OF   **Inf.** makópya; **Perf.** nakopya; **Imperf.** nakokopya; **Cont.** makokopya

	DF	**Inf.** makópyahan; **Perf.** nakopyahan; **Imperf.** nakokopyahan; **Cont.** makokopyahan
	BF	**Inf.** maikópya; **Perf.** naikopya; **Imperf.** naikokopya; **Cont.** maikokopya
Causative	A_1F	**Inf.** magpakópya; **Perf.** nagpakopya; **Imperf.** nagpapakopya; **Cont.** magpapakopya
	A_2F	**Inf.** pakópyahin; **Perf.** pinakopya; **Imperf.** pinapakopya/pinakokopya; **Cont.** papakopyahin/pakokopyahin
	OF	**Inf.** ipakópya; **Perf.** ipinakopya; **Imperf.** ipinapakopya/ipinakokopya; **Cont.** ipapakopya/ipakokopya
	DF	**Inf.** pakópyahan; **Perf.** pinakopyahan; **Imperf.** pinapakopyahan/pinakokopyahan; **Cont.** papakopyahan/pakokopyahan
	BF	**Inf.** ipagpakópya; **Perf.** ipinagpakopya; **Imperf.** ipinagpapakopya; **Cont.** ipagpapakopya

KUHA

	ACT	OBJ	DIR	BEN	
	-um-	-in	-an	i-	"get, take"

Indicative
- AF **Inf.** kumúha; **Perf.** kumuha; **Imperf.** kumukuha; **Cont.** kukuha; **Rec. Perf.** kakukúha
- OF **Inf.** kúnin; **Perf.** kinúha; **Imperf.** kinukuha; **Cont.** kukunin
- DF **Inf.** kúnan; **Perf.** kinunan; **Imperf.** kinukunan; **Cont.** kukunan
- BF **Inf.** ikúha; **Perf.** ikinuha; **Imperf.** ikinukuha; **Cont.** ikukuha

Aptative
- AF **Inf.** makakúha; **Perf.** nakakuha; **Imperf.** nakakakuha/nakakukuha; **Cont.** makakakuha/makakukuha
- OF **Inf.** makúha; **Perf.** nakuha; **Imperf.** nakukuha; **Cont.** makukuha
- DF **Inf.** makúnan; **Perf.** nakunan; **Imperf.** nakukunan; **Cont.** makukunan
- BF **Inf.** maikúha; **Perf.** naikuha; **Imperf.** naikukuha; **Cont.** maikukuha
- LF **Inf.** mapagkúnan; **Perf.** napagkunan; **Imperf.** napapagkunan/napagkukunan; **Cont.** mapapagkunan/mapagkukunan

Causative
- AF **Inf.** magpakúha; **Perf.** nagpakuha; **Imperf.** nagpapakuha; **Cont.** magpapakuha

	A_2F	**Inf.** paku(há)nin; **Perf.** pinakúha; **Imperf.** pinapakuha/pinakukuha; **Cont.** papaku(ha)nin/pakuku(ha)nin
	OF	**Inf.** ipakúha; **Perf.** ipinakuha; **Imperf.** ipinapakuha/ipinakukuha; **Cont.** ipapakuha/ipakukuha
	DF	**Inf.** pakú(ha)nan; **Perf.** pinaku(ha)nan; **Imperf.** pinapaku(ha)nan/pinakuku(ha)nan; **Cont.** papaku(ha)nan/pakuku(ha)nan

LABA

		ACT	OBJ	
		mag-	-an	"wash clothes"
Indicative	AF	**Inf.** maglabá; **Perf.** naglaba; **Imperf.** naglalaba; **Cont.** maglalaba; **Rec. Perf.** kalalabá		
	OF	**Inf.** lab(a)hán; **Perf.** linab(a)han/nilab(a)han; **Imperf.** linalab(a)han/nilalab(a)han; **Cont.** lalab(a)han		
Aptative	AF	**Inf.** makapaglabá; **Perf.** nakapaglaba; **Imperf.** nakakapaglaba/nakapaglalaba; **Cont.** makakapaglaba/makapaglalaba		

	OF	**Inf.** malabhán; **Perf.** nalabhan; **Imperf.** nalalabhan; **Cont.** malalabhan
Causative	A₁F	**Inf.** magpalabá; **Perf.** nagpalaba; **Imperf.** nagpapalaba; **Cont.** magpapalaba
	A₂F	**Inf.** (pa)paglabahín; **Perf.** pinapaglabá/pinaglabá; **Imperf.** pinapapaglaba/pinapaglalaba/pinaglalaba; **Cont.** papapaglabahin/papaglalabahin/paglalabahin
	OF	**Inf.** palab(a)hán; **Perf.** pinalab(a)han; **Imperf.** pinapalab(a)han/pinalalab(a)han; **Cont.** papalab(a)han/palalab(a)han
or		
	OF	**Inf.** ipalabá; **Perf.** ipinalaba; **Imperf.** ipinapalaba/ipinalalaba; **Cont.** ipapalaba/ipalalaba

LABAN

ACT	DIR	REA	
-um-	-an/ka- -in	pag- -an	"oppose, fight against"

Indicative	AF	**Inf.** lumában; **Perf.** lumaban; **Imperf.** lumalaban; **Cont.** lalaban; **Rec. Perf.** kalalában

	DF	**Inf.** labánan; **Perf.** linabanan/nilabanan; **Imperf.** linalabanan/nilalabanan; **Cont.** lalabanan
	or	
	DF	**Inf.** kalabánin; **Perf.** kinalában; **Imperf.** kinakalaban; **Cont.** kakalabanin
	RF	**Inf.** paglabánan; **Perf.** pinaglabanan; **Imperf.** pinapaglabanan/pinaglalabanan; **Cont.** papaglabanan/paglalabanan
Aptative	AF	**Inf.** makalában; **Perf.** nakalaban; **Imperf.** nakakalaban/nakalalaban; **Cont.** makakalaban/makalalaban
	DF	**Inf.** malabánan; **Perf.** nalabanan; **Imperf.** nalalabanan; **Cont.** malalabanan
	RF	**Inf.** mapaglabánan; **Perf.** napaglabanan; **Imperf.** napapaglabanan/napaglalabanan; **Cont.** mapapaglabanan/mapaglalabanan
Causative	A_1F	**Inf.** magpalában; **Perf.** nagpalaban; **Imperf.** nagpapalaban; **Cont.** magpapalaban
	A_2F	**Inf.** palabánin; **Perf.** pinalában; **Imperf.** pinapalaban/pinalalaban; **Cont.** papalabanin/palalabanin

	DF	**Inf.** papaglabánin; **Perf.** pinapaglában; **Imperf.** pinapapaglaban/pinapaglalaban; **Cont.** papapaglabanin/papaglalabanin
Involuntary	AF	**Inf.** mapalában; **Perf.** napalaban; **Imperf.** napapalaban; **Cont.** mapapalaban

           ACT
           mag-   "fight"

Indicative	AF	(pl.) **Inf.** maglában; **Perf.** naglaban; **Imperf.** naglalaban; **Cont.** maglalaban; **Rec. Perf.** kalalában
Aptative	AF	**Inf.** makapaglában; **Perf.** nakapaglaban; **Imperf.** nakakapaglaban/nakapaglalaban; **Cont.** makakapaglaban/makapaglalaban

                                 LABAS
           ACT
           -um-   "go outside"

Indicative	AF	**Inf.** lumabás; **Perf.** lumabas; **Imperf.** lumalabas; **Cont.** lalabas; **Rec. Perf.** kalálabas

Aptative	AF	**Inf.** makalabás; **Perf.** nakalabas; **Imperf.** nakakalabas/nakalalabas; **Cont.** makakalabas/makalalabas
Causative	A_1F	**Inf.** magpalabás; **Perf.** nagpalabas; **Imperf.** nagpapalabas; **Cont.** magpapalabas
	A_2F	**Inf.** palabasín; **Perf.** pinalabás; **Imperf.** pinapalabas/pinalalabas; **Cont.** papalabasin/palalabasin
Aptative-Causative	A_2F	**Inf.** mapalabás; **Perf.** napalabas; **Imperf.** napapalabas; **Cont.** mapapalabas

```
          ACT        OBJ
          mag-       i-          "take out"
```

Indicative	AF	**Inf.** maglabás; **Perf.** naglabas; **Imperf.** naglalabas; **Cont.** maglalabas; **Rec. Perf.** kalálabas
	OF	**Inf.** ilabás; **Perf.** ilinabas/inilabas; **Imperf.** ilinalabas/inilalabas; **Cont.** ilalabas
Aptative	AF	**Inf.** makapaglabás; **Perf.** nakapaglabas; **Imperf.** nakakapaglabas/nakapaglalabas; **Cont.** makakapaglabas/makapaglalabas

	OF	**Inf.** ma(i)labás; **Perf.** na(i)labas; **Imperf.** na(i)lalabas; **Cont.** ma(i)lalabas
Causative	A_1F	**Inf.** magpalabás; **Perf.** nagpalabas; **Imperf.** nagpapalabas; **Cont.** magpapalabas
	A_2F	**Inf.** (pa)paglabasín; **Perf.** pinapaglabás/pinaglabás; **Imperf.** pinapapaglabas/pinapaglalabas/pinaglalabas; **Cont.** papapaglabasin/papaglalabasin/paglalabasin
	OF	**Inf.** ipalabás; **Perf.** ipinalabas; **Imperf.** ipinapalabas/ipinalalabas; **Cont.** ipapalabas/ipalalabas
Aptative-Causative	OF	**Inf.** maipalabás; **Perf.** naipalabas; **Imperf.** naipapalabas/naipalalabas; **Cont.** maipapalabas/maipalalabas

LAGAY

ACT	OBJ	DIR	LOC		
mag-	i-	-an	pag-	-an	"place"

Indicative	AF	**Inf.** maglagáy; **Perf.** naglagay; **Imperf.** naglalagay; **Cont.** maglalagay; **Rec. Perf.** kalálagay

	OF	**Inf.** ilagáy; **Perf.** ilinagay/inilagay; **Imperf.** ilinalagay/inilalagay; **Cont.** ilalagay
	DF	**Inf.** lagyán; **Perf.** linagyan/nilagyan; **Imperf.** linalagyan/nilalagyan; **Cont.** lalagyan
	LF	**Inf.** paglagyán; **Perf.** pinaglagyan; **Imperf.** pinapaglagyan/pinaglalagyan; **Cont.** papaglagyan/paglalagyan
Aptative	AF	**Inf.** makapaglagáy; **Perf.** nakapaglagay; **Imperf.** nakakapaglagay/nakapaglalagay; **Cont.** makakapaglagay/makapaglalagay
	OF	**Inf.** mailagáy; **Perf.** nailagay; **Imperf.** nailalagay; **Cont.** mailalagay
	DF	**Inf.** malagyán; **Perf.** nalagyan; **Imperf.** nalalagyan; **Cont.** malalagyan
	LF	**Inf.** mapaglagyán; **Perf.** napaglagyan; **Imperf.** napapaglagyan/napaglalagyan; **Cont.** mapapaglagyan/mapaglalagyan
Causative	A_1F	**Inf.** magpalagáy; **Perf.** nagpalagay; **Imperf.** nagpapalagay; **Cont.** magpapalagay

A_2F **Inf.** (pa)paglagayín; **Perf.** pinapaglagáy/pinaglagáy; **Imperf.** pinapapaglagay/pinapaglalagay/pinaglalagay; **Cont.** papapaglagayin/papaglalagayin/paglalagayin

OF **Inf.** ipalagáy; **Perf.** ipinalagay; **Imperf.** ipinapalagay/ipinalalagay; **Cont.** ipapalagay/ipalalagay

DF **Inf.** palagyán; **Perf.** pinalagyan; **Imperf.** pinapalagyan/pinalalagyan; **Cont.** papalagyan/palalagyan

LAKAD

		ACT	DIR	LOC	
		-um-	-in	-an	"walk"

Indicative AF **Inf.** lumákad; **Perf.** lumakad; **Imperf.** lumalakad; **Cont.** lalakad; **Rec. Perf.** kalalákad

DF **Inf.** lakárin; **Perf.** linákad; **Imperf.** linalakad; **Cont.** lalakarin

LF **Inf.** lakáran; **Perf.** linakaran/nilakaran; **Imperf.** linalakaran/nilalakaran; **Cont.** lalakaran

Aptative AF **Inf.** makalákad; **Perf.** nakalakad; **Imperf.** nakakalakad/nakalalakad; **Cont.** makakalakad/makalalakad

	DF	**Inf.** malákad; **Perf.** nalakad; **Imperf.** nalalakad; **Cont.** malalakad
	LF	**Inf.** malakáran; **Perf.** nalakaran; **Imperf.** nalalakaran; **Cont.** malalakaran
Causative	A_1F	**Inf.** magpalákad; **Perf.** nagpalakad; **Imperf.** nagpapalakad; **Cont.** magpapalakad
	A_2F	**Inf.** palakárin; **Perf.** pinalákad; **Imperf.** pinapalakad/pinalalakad; **Cont.** papalakarin/palalakarin
Intensive	AF	**Inf.** maglakád; **Perf.** naglakad; **Imperf.** naglalakad; **Cont.** maglalakad

LAKAS

	ACT_u	REA	
	-um-	ika-	"become strong"

Indicative	AF	**Inf.** lumakás; **Perf.** lumakas; **Imperf.** lumalakas; **Cont.** lalakas
	RF	**Inf.** ikalakás; **Perf.** ikinalakas; **Imperf.** ikinakalakas/ikinalalakas; **Cont.** ikakalakas/ikalalakas
Aptative	RF	**Inf.** makalakás; **Perf.** nakalakas; **Imperf.** nakakalakas/nakalalakas; **Cont.** makakalakas/makalalakas

Causative	A₁F	**Inf.** magpalakás; **Perf.** nagpalakas; **Imperf.** nagpapalakas; **Cont.** magpapalakas
	A₂F	**Inf.** palakasín; **Perf.** pinalakás; **Imperf.** pinapalakas/pinalalakas; **Cont.** papalakasin/palalakasin

          OBJ
          -an   "make loud, strong"

Indicative	OF	**Inf.** lakasán; **Perf.** linakasan; **Imperf.** linalakasan; **Cont.** lalakasan
Aptative	OF	**Inf.** malakasán; **Perf.** nalakasan; **Imperf.** nalalakasan; **Cont.** malalakasan
Causative	A₁F	**Inf.** magpalakás; **Perf.** nagpalakas; **Imperf.** nagpapalakas; **Cont.** magpapalakas
	OF	**Inf.** palakasín; **Perf.** pinalakás; **Imperf.** pinapalakas/pinalalakas; **Cont.** papalakasin/palalakasin
Aptative-Causative	OF	**Inf.** mápalakas; **Perf.** napalakas; **Imperf.** napapalakas/napalalakas; **Cont.** mapapalakas/mapalalakas

LAKI

		ACT$_u$	REA	
		-um-	ika-	"become big"

Indicative	AF	Inf. lumakí; Perf. lumaki; Imperf. lumalaki; Cont. lalaki
	RF	Inf. ikalakí; Perf. ikinalaki; Imperf. ikinakalaki/ikinalalaki; Cont. ikakalaki/ikalalaki

	OBJ	
	-an	"make big"

Indicative	RF	Inf. lakihán; Perf. linakihan; Imperf. linalakihan; Cont. lalakihan; Rec. Perf. kalálaki
Aptative	OF	Inf. malakihán; Perf. nalakihan; Imperf. nalalakihan; Cont. malalakihan
Causative	A$_1$F	Inf. magpalakí; Perf. nagpalaki; Imperf. nagpapalaki; Cont. magpapalaki
	OF	Inf. palakihín; Perf. pinalakí; Imperf. pinapalaki/pinalalaki; Cont. papalakihin/palalakihin

Aptative-Causative	OF	**Inf.** mapalakí; **Perf.** napalaki; **Imperf.** napapalaki/napalalaki; **Cont.** mapapalaki/mapalalaki

```
              PALAKI
         ACT        OBJ
         mag-       -in       "rear a child"
```

Indicative	AF	**Inf.** magpalakí; **Perf.** nagpalaki; **Imperf.** nagpapalaki; **Cont.** magpapalaki; **Rec. Perf.** kapapalakí
	OF	**Inf.** palakihín; **Perf.** pinalakí; **Imperf.** pinapalaki/pinalalaki; **Cont.** papalakihin/palalakihin
Aptative	AF	**Inf.** makapagpalakí; **Perf.** nakapagpalaki; **Imperf.** nakakapagpalaki/nakapagpapalaki; **Cont.** makakapagpalaki/makapagpapalaki
	OF	**Inf.** mapalakí; **Perf.** napalaki; **Imperf.** napapalaki/napalalaki; **Cont.** mapapalaki/mapalalaki

LAMIG

	OBJ	REA	
	-um-	ika-	"become cold"

Indicative OF **Inf.** lumamíg; **Perf.** lumamig;
Imperf. lumalamig; **Cont.** lalamig

RF **Inf.** ikalamíg; **Perf.** ikinalamig;
Imperf. ikinakalamig/ikinalalamig;
Cont. ikakalamig/ikalalamig

Aptative RF **Inf.** makalamíg; **Perf.** nakalamig;
Imperf. nakakalamig/nakalalamig;
Cont. makakalamig/makalalamig

Causative A_1F **Inf.** magpalamíg; **Perf.** nagpalamig;
Imperf. nagpapalamig; **Cont.** magpapalamig;

OF **Inf.** palamigín; **Perf.** pinalamíg;
Imperf. pinapalamig/pinalalamig;
Cont. papalamigin/palalamigin

LANGOY

	ACT	DIR	
	-um-	-in	"swim"

Indicative AF **Inf.** lumangóy; **Perf.** lumangoy;
Imperf. lumalangoy; **Cont.** lalangoy; **Rec. Perf.** kalálangoy

	DF	**Inf.** languyín; **Perf.** linangóy; **Imperf.** linalangoy/nilalangoy; **Cont.** lalanguyin
Aptative	AF	**Inf.** makalangóy; **Perf.** nakalangoy; **Imperf.** nakakalangoy/nakalalangoy; **Cont.** makakalangoy/makalalangoy
	DF	**Inf.** malangóy; **Perf.** nalangoy; **Imperf.** nalalangoy; **Cont.** malalangoy
Causative	A₂F	**Inf.** palanguyín; **Perf.** pinalangóy; **Imperf.** pinapalangoy/pinalalangoy; **Cont.** papalanguyin/palalanguyin
	DF	**Inf.** ipalangóy; **Perf.** ipinalangoy; **Imperf.** ipinapalangoy/ipinalalangoy; **Cont.** ipapalangoy/ipalalangoy

                                      LAPIT

	ACT	DIR	
	-um-	-an	"approach"
Indicative	AF	**Inf.** lumápit; **Perf.** lumapit; **Imperf.** lumalapit; **Cont.** lalapit; **Rec. Perf.** kalalápit
	DF	**Inf.** lapítan; **Perf.** linapitan/nilapitan; **Imperf.** linalapitan/nilalapitan; **Cont.** lalapitan

Aptative	AF	**Inf.** makalápit; **Perf.** nakalapit; **Imperf.** nakakalapit/nakalalapit; **Cont.** makakalapit/makalalapit
	DF	**Inf.** malapítan; **Perf.** nalapitan; **Imperf.** nalalapitan; **Cont.** malalapitan
Causative	A₁F	**Inf.** magpalápit; **Perf.** nagpalapit; **Imperf.** nagpapalapit; **Cont.** magpapalapit
	A₂F	**Inf.** palapítin; **Perf.** pinalápit; **Imperf.** pinapalapit/pinalalapit; **Cont.** papalapitin/palalapitin
	DF	**Inf.** palapítan; **Perf.** pinalapitan; **Imperf.** pinapalapitan/pinalalapitan; **Cont.** papalapitan/palalapitan
Accidental	AF	**Inf.** mapalápit; **Perf.** napalapit; **Imperf.** napapalapit; **Cont.** mapapalapit

LARO

ACT	OBJ	
mag-	in-	"play"

Indicative	AF	**Inf.** maglaró'; **Perf.** naglaro'; **Imperf.** naglalaro'; **Cont.** maglalaro'; **Rec. Perf.** kalálaro'

	OF	**Inf.** laruín; **Perf.** linaró'/nilaró'; **Imperf.** linalaro'/nilalaro'; **Cont.** lalaruin
Aptative	AF	**Inf.** makapaglaró'; **Perf.** nakapaglaro'; **Imperf.** nakakapaglaro'/nakapaglalaro'; **Cont.** makakapaglaro'/makapaglalaro'
	OF	**Inf.** malaró'; **Perf.** nalaro'; **Imperf.** nalalaro'; **Cont.** malalaro'
Causative	A_1F	**Inf.** magpalaró'; **Perf.** nagpalaro'; **Imperf.** nagpapalaro'; **Cont.** magpapalaro'
	A_2F	**Inf.** (pa)paglaruín; **Perf.** pinapaglaró'/pinaglaró'; **Imperf.** pinapapaglaro'/pinapaglalaro'/pinaglaro'; **Cont.** papapaglaruin/papaglalaruin/paglalaruin
	OF	**Inf.** ipalaró'; **Perf.** ipinalaro'; **Imperf.** ipinapalaro'/ipinalalaro'; **Cont.** ipapalaro'/ipalalaro'
Associative	AF	**Inf.** makipaglaró'; **Perf.** nakipaglaro'; **Imperf.** nakikipaglaro'; **Cont.** makikipaglaro'

		OBJ	
		pag- -an	"play or trifle with X"

Indicative	OF	**Inf.** paglaruán; **Perf.** pinaglaruan; **Imperf.** pinaglalaruan; **Cont.** paglalaruan	
Aptative	OF	**Inf.** mapaglaruán; **Perf.** napaglaruan; **Imperf.** napapaglaruan/napaglalaruan; **Cont.** mapapaglaruan/mapaglalaruan	
Causative	OF	**Inf.** papaglaruán; **Perf.** pinapaglaruan; **Imperf.** pinapaglalaruan; **Cont.** papaglalaruan	

			LAYO'
		ACT	DIR
		-um-	-an "go far from"

Indicative	AF	**Inf.** lumayó'; **Perf.** lumayo'; **Imperf.** lumalayo'; **Cont.** lalayo'; **Rec. Perf.** kalálayo'
	DF	**Inf.** layuán; **Perf.** linayuan/nilayuan; **Imperf.** linalayuan/nilalayuan; **Cont.** lalayuan
Aptative	AF	**Inf.** makalayó'; **Perf.** nakalayo'; **Imperf.** nakakalayo'/nakalalayo'; **Cont.** makakalayo'/makalalayo'

	DF	**Inf.** málayo'; **Perf.** nalayo'; **Imperf.** nalalayo'; **Cont.** malalayo'
Causative	A₁F	**Inf.** magpalayó'; **Perf.** nagpalayo'; **Imperf.** nagpapalayo'; **Cont.** magpapalayo'
	A₂F	**Inf.** palayuín; **Perf.** pinalayó'; **Imperf.** pinapalayo'/pinalalayo'; **Cont.** papalayuin/palalayuin
Involuntary	AF	**Inf.** mápalayo'; **Perf.** napalayo'; **Imperf.** napapalayo'/napalalayo'; **Cont.** mapapalayo'/mapalalayo'

          ACT
          ma- -an   "consider to be far from"

Indicative	AF	**Inf.** malayúan; **Perf.** nalayuan; **Imperf.** nalalayuan; **Cont.** malalayuan

          OBJ
          i-   "bring far from"

Indicative	OF	**Inf.** ilayó'; **Perf.** ilinayo'/inilayo'; **Imperf.** ilinalayo'/inilalayo'; **Cont.** ilalayo'

Aptative	OF	**Inf.** mailayó'; **Perf.** nailayo'; **Imperf.** nailalayo'; **Cont.** mailalayo'

LIGAW

    ACT
    ma-   "lose one's way"

Indicative	AF	**Inf.** maligáw; **Perf.** naligaw; **Imperf.** naliligaw; **Cont.** maliligaw; **Rec. Perf.** kaliligaw

    ACT   DIR
    mag-   i-   "make someone lost"

Indicative	DF	**Inf.** iligáw; **Perf.** ilinigaw/iniligaw; **Imperf.** iliniligaw/inililigaw; **Cont.** ililigaw
Aptative	DF	**Inf.** mailigáw; **Perf.** nailigaw; **Imperf.** naililigaw; **Cont.** maililigaw

LIGAW

    ACT   DIR
    -um-   -an   "court, woo"

Indicative	AF	**Inf.** lumígaw; **Perf.** lumigaw;

		Imperf. lumiligaw; **Cont.** liligaw; **Rec. Perf.** kaliligaw
	DF	**Inf.** ligáwan; **Perf.** linigawan/niligawan; **Imperf.** liniligawan/nililigawan; **Cont.** liligawan
Aptative	AF	**Inf.** makaligaw; **Perf.** nakaligaw; **Imperf.** nakakaligaw/nakaliligaw; **Cont.** makakaligaw/makaliligaw
	DF	**Inf.** maligáwan; **Perf.** naligawan; **Imperf.** naliligawan; **Cont.** maliligawan
Causative	A_1F	**Inf.** magpaligaw; **Perf.** nagpaligaw; **Imperf.** nagpapaligaw; **Cont.** magpapaligaw
	A_2F	**Inf.** paligáwin; **Perf.** pinaligaw; **Imperf.** pinapaligaw/pinaliligaw; **Cont.** papaligawin/paliligawin
	DF	**Inf.** paligáwan; **Perf.** pinaligawan; **Imperf.** pinapaligawan/pinaliligawan; **Cont.** papaligawan/paliligawan
Distributive	AF	**Inf.** manligaw; **Perf.** nanligaw; **Imperf.** nanliligaw; **Cont.** manliligaw
Aptative-Distributive	AF	**Inf.** makapanligaw; **Perf.** nakapanligaw; **Imperf.** nakakapanligaw/nakapanliligaw; **Cont.** makakapanligaw/makapanliligaw

LIGO'

ACT
ma-   "take a bath"

Indicative AF **Inf.** maligo'; **Perf.** naligo';
                Imperf. naliligo'; **Cont.** maliligo'; **Rec. Perf.** kaliligo'
Aptative   AF **Inf.** makaligo'; **Perf.** nakaligo';
                Imperf. nakakaligo'/nakaliligo';
                Cont. makakaligo'/makaliligo'

PALIGO'

ACT   OBJ
mag-   -an   "bathe"

Indicative AF **Inf.** magpaligo'; **Perf.** nagpaligo';
                Imperf. nagpapaligo'; **Cont.** magpapaligo'
            OF **Inf.** paligúan; **Perf.** pinaliguan;
                Imperf. pinapaliguan/pinaliliguan;
                Cont. papaliguan/paliliguan
Aptative   AF **Inf.** makapagpaligo'; **Perf.** nakapagpaligo'; **Imperf.** nakakapagpaligo'/nakapagpapaligo'; **Cont.** makakapagpaligo'/makapagpapaligo'

	OF	**Inf.** mapalígúan; **Perf.** napaliguan; **Imperf.** napapaliguan; **Cont.** mapapaliguan
Causative	A₁F	**Inf.** magpapaligó'; **Perf.** nagpapaligo'; **Imperf.** nagpapapaligo'; **Cont.** magpapapaligo'
	A₂F	**Inf.** papalígúin; **Perf.** pinapapaligo'; **Imperf.** pinapapaligo'; **Cont.** papapaliguin
	OF	**Inf.** papalígúan; **Perf.** pinapaliguan; **Imperf.** pinapapaliguan; **Cont.** papapaliguan

LIGPIT

ACT	OBJ	
mag-	i-/-in	"put away"

Indicative	AF	**Inf.** magligpít; **Perf.** nagligpit; **Imperf.** nagliligpit; **Cont.** magliligpit; **Rec. Perf.** kaliligpít
	OF	**Inf.** iligpít; **Perf.** ilinigpit/iniligpit; **Imperf.** iliniligpit/inililigpit; **Cont.** ililigpit
	or	
	OF	**Inf.** ligpitín; **Perf.** linigpít/niligpít; **Imperf.** liniligpit/nililigpit; **Cont.** liligpitin

Aptative	AF	**Inf.** makapagligpít; **Perf.** nakapagligpit; **Imperf.** nakakapagligpit/nakapagliligpit; **Cont.** makakapagligpit/makapagliligpit
	OF	**Inf.** ma(i)ligpít; **Perf.** na(i)ligpit; **Imperf.** na(i)liligpit; **Cont.** ma(i)liligpit
Causative	A_1F	**Inf.** magpaligpít; **Perf.** nagpaligpit; **Imperf.** nagpapaligpit; **Cont.** magpapaligpit
	A_2F	**Inf.** (pa)pagligpitín; **Perf.** pinapagligpít/pinagligpít; **Imperf.** pinapapagligpit/pinapagliligpit/pinagliligpit; **Cont.** papapagligpitin/papagliligpitin/pagliligpitin
	OF	**Inf.** ipaligpít; **Perf.** ipinaligpit; **Imperf.** ipinapaligpit/ipinaliligpit; **Cont.** ipapaligpit/ipaliligpit

LIKO'

ACT	DIR	
-um-	-an	"make a turn"

Indicative	AF	**Inf.** lumikó'; **Perf.** lumiko'; **Imperf.** lumiliko'; **Cont.** liliko' **Rec. Perf.** kaliliko

	DF	**Inf.** likuán; **Perf.** linikuan/nilikuan; **Imperf.** linilikuan/nililikuan; **Cont.** lilikuan
Aptative	AF	**Inf.** makalikó'; **Perf.** nakaliko'; **Imperf.** nakakaliko'/nakaliliko'; **Cont.** makakaliko'/makaliliko'
	DF	**Inf.** malikuán; **Perf.** nalikuan; **Imperf.** nalilikuan; **Cont.** malilikuan

OBJ

i-   "make X turn"

Indicative	OF	**Inf.** ilikó'; **Perf.** iliniko'/iniliko'; **Imperf.** iliniliko'/inililiko'; **Cont.** ililiko'
Aptative	OF	**Inf.** mailikó'; **Perf.** nailiko'; **Imperf.** naililiko'; **Cont.** maililiko'
Causative	A₁F	**Inf.** magpalikó'; **Perf.** nagpaliko'; **Imperf.** nagpapaliko'; **Cont.** magpapaliko'
	OF	**Inf.** palikuín; **Perf.** pinalikó'; **Imperf.** pinapaliko'/pinaliliko'; **Cont.** papalikuin/palilikuin

                                            LIMOT
              ACT   DIR
              -um-   -in/ka- -an   "forget"

Indicative   AF   **Inf.** lumímot; **Perf.** lumimot;
                    Imperf. lumilimot; **Cont.** lilimot
              DF   **Inf.** limútin; **Perf.** linímot/
                    nilímot; **Imperf.** linilimot/
                    nililimot; **Cont.** lilimutin
              or
              DF   **Inf.** kalimútan; **Perf.**
                    kinalimutan; **Imperf.** kinakalimu-
                    tan/kinalilimutan; **Cont.** kakali-
                    mutan/kalilimutan

Aptative   AF   **Inf.** makalímot; **Perf.** nakalimot;
                    Imperf. nakakalimot/nakalilimot;
                    Cont. makakalimot/makalilimot
              DF   **Inf.** malimútan; **Perf.** nalimutan;
                    Imperf. nalilimutan; **Cont.**
                    malilimutan
              or
              DF   **Inf.** makalimútan; **Perf.** nakalimu-
                    tan; **Imperf.** nakakalimutan/nakali-
                    limutan; **Cont.** makakalimutan/maka-
                    lilimutan

Causative	OF	**Inf.** pakalimútan; **Perf.** pinakalimutan; **Imperf.** pinapakalimutan/ pinakakalimutan; **Cont.** papakalimutan/pakakalimutan		
	or			
	OF	**Inf.** ipalimot; **Perf.** ipinalimot; **Imperf.** ipinapalimot/ipinalilimot; **Cont.** ipapalimot/ipalilimot		

				LINIS
	ACT	OBJ	INS	
	mag-	-in	ipang-	"clean"
Indicative	AF	**Inf.** maglinis; **Perf.** naglinis; **Imperf.** naglilinis; **Cont.** maglilinis; **Rec. Perf.** kalilinis		
	OF	**Inf.** linísin; **Perf.** lininis/nilinis; **Imperf.** linilinis/nililinis; **Cont.** lilinisin		
	IF	**Inf.** ipanglinis; **Perf.** ipinanglinis; **Imperf.** ipinapanglinis/ipinanglilinis; **Cont.** ipapanglinis/ipanglilinis		
Aptative	AF	**Inf.** makapaglinis; **Perf.** nakapaglinis; **Imperf.** nakakapaglinis/nakapaglilinis; **Cont.** makakapaglinis/makapaglilinis		

	OF	**Inf.** malinis; **Perf.** nalinis; **Imperf.** nalilinis; **Cont.** malilinis
	IF	**Inf.** maipanglinis; **Perf.** naipanglinis; **Imperf.** naipapanglinis/naipanglilinis; **Cont.** maipapanglinis/maipanglilinis
Causative	A_1F	**Inf.** magpalinis; **Perf.** nagpalinis; **Imperf.** nagpapalinis; **Cont.** magpapalinis
	A_2F	**Inf.** (pa)paglinisin; **Perf.** pinapaglinis/pinaglinis; **Imperf.** pinapapaglinis/pinapaglilinis/pinaglilinis; **Cont.** papapaglinisin/papaglilinisin/paglilinisin
	OF	**Inf.** ipalinis; **Perf.** ipinalinis; **Imperf.** ipinapalinis/ipinalilinis; **Cont.** ipapalinis/ipalilinis

		OBJ	REA	
		-um-	ika-	"become clean"
Indicative	OF	**Inf.** luminis; **Perf.** luminis; **Imperf.** lumilinis; **Cont.** lilinis		
	RF	**Inf.** ikalinis; **Perf.** ikinalinis; **Imperf.** ikinakalinis/ikinalilinis; **Cont.** ikakalinis/ikalilinis		

Aptative	RF	**Inf.** makalínis; **Perf.** nakalinis; **Imperf.** nakakalinis/nakalilinis; **Cont.** makakalinis/makalilinis

LIPAD
ACT
-um- "fly, travel by airplane"

Indicative	AF	**Inf.** lumipád; **Perf.** lumipad; **Imperf.** lumilipad; **Cont.** lilipad; **Rec. Perf.** kalilipad
Aptative	AF	**Inf.** makalipád; **Perf.** nakalipad; **Imperf.** nakakalipad/nakalilipad; **Cont.** makakalipad/makalilipad
Causative	A_1F	**Inf.** magpalipád; **Perf.** nagpalipad; **Imperf.** nagpapalipad; **Cont.** magpapalipad
	OF	**Inf.** paliparín; **Perf.** pinalipád; **Imperf.** pinapalipad/pinalilipad; **Cont.** papaliparin/palilparin
Aptative-Causative	AF	**Inf.** makapagpalipád; **Perf.** nakapagpalipad; **Imperf.** nakakapagpalipad; **Cont.** makakapagpalipad/makapagpapalipad
	OF	**Inf.** mapalipád; **Perf.** napalipad; **Imperf.** napapalipad; **Cont.** mapapalipad

   LIPAT

                    ACT   DIR
                    -um-   -an   "transfer"

Indicative   AF **Inf.** lumípat; **Perf.** lumipat;
                    Imperf. lumilipat; **Cont.** lilipat;
                    Rec. Perf. kalilípat
                DF **Inf.** lipátan; **Perf.** linipatan/
                    nilipatan; **Imperf.** linilipatan/
                    nililipatan; **Cont.** lilipatan

Aptative   AF **Inf.** makalípat; **Perf.** nakalipat;
                    Imperf. nakakalipat/nakalilipat;
                    Cont. makakalipat/makalilipat
                DF **Inf.** malipátan; **Perf.** nalipatan;
                    Imperf. nalilipatan; **Cont.**
                    malilipatan

Causative A_1F **Inf.** magpalípat; **Perf.** nagpalipat;
                    Imperf. nagpapalipat; **Cont.**
                    magpapalipat
                A_2F **Inf.** palipátin; **Perf.** pinalípat;
                    Imperf. pinapalipat/pinalilipat;
                    Cont. papalipatin/palilipatin

		ACT	OBJ
		mag-	i- "move or transfer X"

Indicative	AF	**Inf.** maglípat; **Perf.** naglipat; **Imperf.** naglilipat; **Cont.** maglilipat; **Rec. Perf.** kalilípat
	OF	**Inf.** ilípat; **Perf.** ilinipat/inilipat; **Imperf.** ilinilipat/inililipat; **Cont.** ililipat
Aptative	AF	**Inf.** makapaglípat; **Perf.** nakapaglipat; **Imperf.** nakakapaglipat/nakapaglilipat; **Cont.** makakapaglipat/makapaglilipat
	OF	**Inf.** mailípat; **Perf.** nailipat; **Imperf.** naililipat; **Cont.** maililipat
Causative	A₁F	**Inf.** magpalípat; **Perf.** nagpalipat; **Imperf.** nagpapalipat; **Cont.** magpapalipat
	A₂F	**Inf.** (pa)paglipátin; **Perf.** pinapaglípat/pinaglípat; **Imperf.** pinapapaglipat/pinapaglilipat/pinaglilipat; **Cont.** papapaglipatin/papaglilipatin/paglilipatin
	OF	**Inf.** ipalípat; **Perf.** ipinalipat;

Imperf. ipinapalipat/ipinalilipat;
Cont. ipapalipat/ipalilipat

LUTO'

		ACT	OBJ	BEN	LOC	
		mag-	i-/-in	ipag-	pag- -an	"cook"
Indicative	AF		**Inf.** maglúto'; **Perf.** nagluto'; **Imperf.** nagluluto'; **Cont.** magluluto'; **Rec. Perf.** kalulúto'			
	OF		**Inf.** lutúin; **Perf.** linúto'/nilúto'; **Imperf.** linuluto'/niluluto'; **Cont.** lulutuin			
	or					
	OF		**Inf.** ilúto'; **Perf.** ilinuto'/iniluto'; **Imperf.** ilinuluto'/iniluluto'; **Cont.** iluluto'			
	BF		**Inf.** ipaglúto'; **Perf.** ipinagluto'; **Imperf.** ipinapagluto'/ipinagluluto'; **Cont.** ipapagluto'/ipagluluto'			
	LF		**Inf.** paglutúan; **Perf.** pinaglutuan; **Imperf.** pinapaglutuan/pinaglulutuan; **Cont.** papaglutuan/paglulutuan			
Aptative	AF		**Inf.** makapaglúto'; **Perf.** nakapagluto'; **Imperf.** nakakapagluto'/			

		nakapagluluto'; **Cont.** makakapagluto'/makapagluluto'
	OF	**Inf.** ma(i)luto'; **Perf.** na(i)luto'; **Imperf.** na(i)luluto'; **Cont.** ma(i)luluto'
	BF	**Inf.** maipaglúto'; **Perf.** naipagluto'; **Imperf.** naipapagluto'/naipagluluto'; **Cont.** maipapagluto'/maipagluluto'
	LF	**Inf.** mapaglutúan; **Perf.** napaglutuan; **Imperf.** napapaglutuan/napaglulutuan; **Cont.** mapapaglutuan/mapaglulutuan
Causative	A_1F	**Inf.** magpalúto'; **Perf.** nagpaluto'; **Imperf.** nagpapaluto'; **Cont.** magpapaluto'
	A_2F	**Inf.** (pa)paglutúin; **Perf.** pinapaglúto'/pinaglúto'; **Imperf.** pinapapagluto'/pinapagluluto'/pinagluluto'; **Cont.** papapaglutuin/papaglulutuin/paglulutuin
	OF	**Inf.** ipalúto'; **Perf.** ipinaluto'; **Imperf.** ipinapaluto'/ipinaluluto'; **Cont.** ipapaluto'/ipaluluto'
	BF	**Inf.** ipagpalúto'; **Perf.** ipinagpaluto'; **Imperf.** ipinagpapaluto'; **Cont.** ipagpapaluto'

MAGING

ACT

"become" (<u>maging</u> is different from the other forms because it is not a root but is an independent verb)

Indicative	AF	**Inf.** maging; **Perf.** naging; **Imperf.** nagiging; **Cont.** magiging; **Rec. Perf.** kagiging

MAHAL

ACT	DIR	
mag-	-in	"love"

Indicative	AF	**Inf.** magmahál; **Perf.** nagmahal; **Imperf.** nagmamahal; **Cont.** magmamahal
	DF	**Inf.** mahalín; **Perf.** minahál; **Imperf.** minamahal; **Cont.** mamahalin
Involuntary	DF	**Inf.** mápamahal; **Perf.** napamahal; **Imperf.** napapamahal/napamamahal; **Cont.** mapapamahal/mapamamahal
Reciprocal	AF	(pl.) **Inf.** magmahálan; **Perf.** nagmaghalan; **Imperf.** nagmamahalan; **Cont.** magmamahalan

                              MALI
                    ACT
                    magka-   "make a mistake"

Indicative   AF   **Inf.** magkámali'; **Perf.** nagkamali';
                    Imperf. nagkakamali'; **Cont.**
                    magkakamali'

                                        MANEHO
           ACT   OBJ   BEN
           mag-   -in   i-/ipag-   "drive a vehicle"

Indicative   AF   **Inf.** magmaného; **Perf.** nagmaneho;
                    Imperf. nagmamaneho; **Cont.**
                    magmamaneho; **Rec. Perf.** kamamaného
              BF   **Inf.** ipagmaného; **Perf.** ipinagmane-
                    ho; **Imperf.** ipinapagmaneho/ipinag-
                    mamaneho; **Cont.** ipapagmaneho/
                    ipagmamaneho
              OF   **Inf.** manehúhin; **Perf.** minaného;
                    Imperf. minamaneho; **Cont.** mamane-
                    huhin
Aptative   AF   **Inf.** makapagmaného; **Perf.** nakapag-
                    maneho; **Imperf.** nakakapagmaneho/
                    nakapagmamaneho; **Cont.** makakapag-
                    maneho/makapagmamaneho
              OF   **Inf.** mamaného; **Perf.** namaneho;

		Imperf. namamaneho; **Cont.** mamamaneho
	BF	**Inf.** mai(pag)maného; **Perf.** nai(pag)maneho; **Imperf.** naipa(pag)maneho/nai(pag)mamaneho; **Cont.** maipa(pag)maneho/mai(pag)mamaneho
Causative	A₁F	**Inf.** magpamaného; **Perf.** nagpamaneho; **Imperf.** nagpapamaneho; **Cont.** magpapamaneho
	A₂F	**Inf.** (pa)pagmanehûhin; **Perf.** pinapagmaného/pinagmaného; **Imperf.** pinapapagmaného/pinapagmamaného/pinagmamaneho; **Cont.** papapagmanehuhin/papagmamanehuhin/pagmamanehuhin
	OF	**Inf.** ipamaného; **Perf.** ipinamaneho; **Imperf.** ipinapamaneho/ipinamamaneho; **Cont.** ipapamaneho/ipamamaneho
	BF	**Inf.** ipagpamaného; **Perf.** ipinagpamaneho; **Imperf.** ipinapagpamaneho/ipinagpapamaneho; **Cont.** ipapagpamaneho/ipagpapamaneho

                                              NAKAW
              ACT   OBJ   DIR
              mag- -in   -an   "steal"

Indicative   AF   **Inf.** magnákaw; **Perf.** nagnakaw;
                   Imperf. nagnanakaw; **Cont.**
                   magnanakaw; **Rec. Perf.** kananákaw
              OF   **Inf.** nakáwin; **Perf.** ninákaw;
                   Imperf. ninanakaw; **Cont.** nanakawin
              DF   **Inf.** nakáwan; **Perf.** ninakawan;
                   Imperf. ninanakawan; **Cont.**
                   nanakawan

Aptative   AF   **Inf.** makapagnákaw; **Perf.** nakapag-
                   nakaw; **Imperf.** nakakapagnakaw/
                   nakapagnanakaw; **Cont.** makakapag-
                   nakaw/makapagnanakaw
              OF   **Inf.** manákaw; **Perf.** nanakaw;
                   Imperf. nananakaw; **Cont.** mananakaw
              DF   **Inf.** manakáwan; **Perf.** nanakawan;
                   Imperf. nananakawan; **Cont.**
                   mananakawan

Causative A_1F **Inf.** magpanákaw; **Perf.** nagpanakaw;
                   Imperf. nagpapanakaw; **Cont.**
                   magpapanakaw
              A_2F **Inf.** (pa)pagnakáwin; **Perf.** pina-
                   pagnákaw/pinagnákaw; **Imperf.**
                   pinapapagnakaw/pinapagnanakaw/

			pinagnanakaw; **Cont.** papapagnakawin/papagnanakawin/pagnanakawin
	OF	**Inf.** ipanákaw; **Perf.** ipinanakaw; **Imperf.** ipinapanakaw/ipinananakaw; **Cont.** ipapanakaw/ipananakaw
	DF	**Inf.** panakáwan; **Perf.** pinanakawan; **Imperf.** pinapanakawan/pinananakawan; **Cont.** papanakawan/pananakawan

NGITI

		ACT	DIR	
		-um-	-an	"smile"
Indicative	AF	**Inf.** ngumiti'; **Perf.** ngumiti'; **Imperf.** ngumingiti'; **Cont.** ngingiti'; **Rec. Perf.** kangingiti'		
	DF	**Inf.** ngitián; **Perf.** nginitian; **Imperf.** nginingitian; **Cont.** ngingitian		
Aptative	AF	**Inf.** makangiti'; **Perf.** nakangiti'; **Imperf.** nakakangiti'/nakangingiti'; **Cont.** makakangiti'/makangingiti'		
	DF	**Inf.** mangitián; **Perf.** nangitian; **Imperf.** nangingitian; **Cont.** mangingitian		

Causative	A₁F	**Inf.** magpangiti'; **Perf.** nagpangiti'; **Imperf.** nagpapangiti'; **Cont.** magpapangiti'
	A₂F	**Inf.** pangitiin; **Perf.** pinangiti'; **Imperf.** pinapangiti'/pinangingiti'; **Cont.** papangitiin/pangingitiin
	DF	**Inf.** pangitián; **Perf.** pinangitian; **Imperf.** pinapangitian/pinangingitian; **Cont.** papangitian/pangingitian
Involuntary	AF	**Inf.** mapangiti'; **Perf.** napangiti'; **Imperf.** napapangiti'; **Cont.** mapapangiti'

PAGKAROON

ACT

m—   "have, exist"

Indicative	AF	**Inf.** magkaroón; **Perf.** nagkaroon; **Imperf.** nagkakaroon; **Cont.** magkakaroon; **Rec. Perf.** kakákapagkaroon

                               PAGOD
                ACT_u   REA
                ma-   ika-   "get tired"

Indicative   AF   **Inf.** mapágod; **Perf.** napagod;
                    Imperf. napapagod; **Cont.** mapapagod
              RF   **Inf.** ikapágod; **Perf.** ikinapagod;
                    Imperf. ikinakapagod/ikinapapagod;
                    Cont. ikakapagod/ikapapagod
Aptative   RF   **Inf.** makapágod; **Perf.** nakapagod;
                    Imperf. nakakapagod/nakapapagod;
                    Cont. makakapagod/makapapagod
Causative A_1F **Inf.** magpapágod; **Perf.** nagpapagod;
                    Imperf. nagpapapagod; **Cont.**
                    magpapapagod
              A_2F **Inf.** pagúrin; **Perf.** pinágod;
                    Imperf. pinapagod; **Cont.** papagurin

                                          PAKINIG
                ACT   DIR
                m-   -an   "listen"

Indicative   AF   **Inf.** makiníg; **Perf.** nakinig;
                    Imperf. nakikinig; **Cont.** maki-
                    kinig; **Rec. Perf.** kapápakinig
              DF   **Inf.** pakinggán; **Perf.** pinakinggan;

Aptative	AF	**Imperf.** pinapakinggan/pinakikinggan; **Cont.** papakinggan/pakikinggan
	AF	**Inf.** makápakinig; **Perf.** nakapakinig; **Imperf.** nakakapakinig/nakapakikinig; **Cont.** makakapakinig/makapakikinig
	DF	**Inf.** mápakinggan; **Perf.** napakinggan; **Imperf.** napapakinggan/napakikinggan; **Cont.** mapapakinggan/mapakikinggan
Causative	A_1F	**Inf.** magpápakinig; **Perf.** nagpapakinig; **Imperf.** nagpapapakinig; **Cont.** magpapapakinig

PALIT

	ACT	DIR	
	-um-	-an	"replace" (intransitive)
Indicative	AF	**Inf.** pumalít; **Perf.** pumalit; **Imperf.** pumapalit; **Cont.** papalit; **Rec. Perf.** kapápalit	
	DF	**Inf.** palitán; **Perf.** pinalitan; **Imperf.** pinapalitan; **Cont.** papalitan	
Aptative	AF	**Inf.** makápalit; **Perf.** nakapalit; **Imperf.** nakakapalit; **Cont.** makakapalit	

Causative	DF	**Inf.** mapalitán; **Perf.** napalitan; **Imperf.** napapalitan; **Cont.** mapapalitan
	A₁F	**Inf.** magpapalit; **Perf.** nagpapalit; **Imperf.** nagpapapalit; **Cont.** magpapapalit
	A₂F	**Inf.** papalitín; **Perf.** pinapapalit; **Imperf.** pinapapapalit; **Cont.** papapalitin
	DF	**Inf.** papalitán; **Perf.** pinapalitan; **Imperf.** pinapapalitan; **Cont.** papapalitan

```
                ACT      OBJ
                mag-     -an    "change, replace"
```

Indicative	AF	**Inf.** magpalit; **Perf.** nagpalit; **Imperf.** nagpapalit; **Cont.** magpapalit; **Rec. Perf.** kapápalit
	OF	**Inf.** palitán; **Perf.** pinalitan; **Imperf.** pinapalitan; **Cont.** papalitan
Aptative	AF	**Inf.** makapagpalit; **Perf.** nakapagpalit; **Imperf.** nakakapagpalit/nakapagpapalit; **Cont.** makakapagpalit/makapagpapalit

	OF	**Inf.** mapalitán; **Perf.** napalitan; **Imperf.** napapalitan; **Cont.** mapapalitan
Causative	A₁F	**Inf.** magpapalít; **Perf.** nagpapalit; **Imperf.** nagpapapalit; **Cont.** magpapapalit
	A₂F	**Inf.** (pa)pagpalitín; **Perf.** pinapagpalít/pinagpalít; **Imperf.** pinapapagpalit/pinapagpapalit/pinagpapalit; **Cont.** papapagpalitin/papagpapalitin/pagpapalitin
	OF	**Inf.** papalitán; **Perf.** pinapalitan; **Imperf.** pinapapalitan; **Cont.** papapalitan
Reciprocal	AF	(pl.) **Inf.** magpalítan; **Perf.** nagpalitan; **Imperf.** nagpapalitan; **Cont.** magpapalitan

OBJ

i-/ipag-   "change with something else"

Indicative	OF	**Inf.** ipalít; **Perf.** ipinalit; **Imperf.** ipinapalit; **Cont.** ipapalit
	or	
	OF	**Inf.** ipagpalít; **Perf.** ipinagpalit; **Imperf.** ipinapagpalit/ipinagpa-

		palit; **Cont.** ipapagpalit/ipagpapalit
Aptative	OF	**Inf.** mai(pag)palit; **Perf.** nai(pag)palit; **Imperf.** naipa(pag)palit/nai(pag)papalit; **Cont.** maipa(pag)palit/mai(pag)papalit
Causative	A₁F	**Inf.** magpapalit; **Perf.** nagpapalit; **Imperf.** nagpapapalit; **Cont.** magpapapalit
	A₂F	**Inf.** papagpalitín; **Perf.** pinapagpalit; **Imperf.** pinapapagpalit/pinapagpapalit; **Cont.** papapagpalitin/papagpapalitin

PANALO

		ACT	OBJ	
		m-	-an	"win"

Indicative	AF	**Inf.** manálo; **Perf.** nanalo; **Imperf.** nananalo; **Cont.** mananalo; **Rec. Perf.** kapapanálo
	OF	**Inf.** panalúnan; **Perf.** pinanalunan; **Imperf.** pinapanalunan/pinananalunan; **Cont.** papanalunan/pananalunan
Aptative	AF	**Inf.** makapanálo; **Perf.** nakapanalo; **Imperf.** nakakapanalo/nakapapanalo; **Cont.** makakapanalo/makapapanalo

Causative	OF	**Inf.** mapanalúnan; **Perf.** napanalunan; **Imperf.** napapanalunan/ napananalunan; **Cont.** mapapanalunan/mapananalunan
	A₁F	**Inf.** magpapanálo; **Perf.** nagpapanalo; **Imperf.** nagpapapanalo; **Cont.** magpapapanalo
	A₂F	**Inf.** papanalúhin; **Perf.** pinapanálo; **Imperf.** pinapapanalo; **Cont.** papapanaluhin
	OF	**Inf.** ipapanálo; **Perf.** ipinapanalo; **Imperf.** ipinapapanalo; **Cont.** ipapapanalo

PANOOD

	ACT	OBJ	
	m-	-in	"watch" (e.g. a show)

Indicative	AF	**Inf.** manoód; **Perf.** nanood; **Imperf.** nanonood; **Cont.** manonood; **Rec. Perf.** kapápanood
	OF	**Inf.** panoorín; **Perf.** pinanoód; **Imperf.** pinapanood/pinanonood; **Cont.** papanoorin/panonoorin
Aptative	AF	**Inf.** makapanoód; **Perf.** nakapanood; **Imperf.** nakakapanood/nakapapanood/

			nakapanonood; **Cont.** makakapanood/ makapapanood/makapanonood
		OF	**Inf.** mapanoód; **Perf.** napanood; **Imperf.** napapanood; **Cont.** mapapanood
Causative		A_1F	**Inf.** magpapanoód; **Perf.** nagpapanood; **Imperf.** nagpapapanood; **Cont.** magpapapanood
		A_2F	**Inf.** papanoorin; **Perf.** pinapanoód; **Imperf.** pinapapanood/pinapanonood; **Cont.** papapanoorin/papanonoorin
		OF	**Inf.** ipapanoód; **Perf.** ipinapanood; **Imperf.** ipinapapanood; **Cont.** ipapapanood

PANGAKO

		ACT	OF	DIR	
		m-	i-	-an	"promise"
Indicative		AF	**Inf.** mangáko; **Perf.** nangako; **Imperf.** nangangako; **Cont.** mangangako; **Rec. Perf.** kapapangáko		
		OF	**Inf.** ipangáko; **Perf.** ipinangako; **Imperf.** ipinapangako; **Cont.** ipapangako		
		DF	**Inf.** pangakúan; **Perf.** pinangakuan;		

		Imperf. pinapangakuan; **Cont.** papangakuan
Aptative	AF	**Inf.** makapangáko; **Perf.** nakapangako; **Imperf.** nakakapangako/nakapapangako; **Cont.** makakapangako/makapapangako
	OF	**Inf.** maipangáko; **Perf.** naipangako; **Imperf.** naipapangako; **Cont.** maipapangako
	DF	**Inf.** mapangakúan; **Perf.** napangakuan; **Imperf.** napapangakuan; **Cont.** mapapangakuan
Causative	A_1F	**Inf.** magpapangáko; **Perf.** nagpapanagko; **Imperf.** nagpapapangako; **Cont.** magpapapangako
	A_2F	**Inf.** papangakúin; **Perf.** pinapangáko; **Imperf.** pinapapangako; **Cont.** papapangakuin
	OF	**Inf.** ipapangáko; **Perf.** ipinapangako; **Imperf.** ipinapapangako; **Cont.** ipapapangako
	DF	**Inf.** papangakúan; **Perf.** pinapangakuan; **Imperf.** pinapapangakuan; **Cont.** papapangakuan

				PANGYARI
		OBJ		
		m—		"happen"
Indicative		**Inf.** mangyári; **Perf.** nangyari; **Imperf.** nangyayari; **Cont.** mangyayari; **Rec. Perf.** kapapangyári

				PANSIN
		ACT	OBJ	
		-um-	-in	"notice"
Indicative	AF	**Inf.** pumansín; **Perf.** pumansín; **Imperf.** pumapansin; **Cont.** papansin; **Rec. Perf.** kapapansín
	OF	**Inf.** pansinín; **Perf.** pinansín; **Imperf.** pinapansin; **Cont.** papansinin
Aptative	AF	**Inf.** makapansín; **Perf.** nakapansin; **Imperf.** nakakapansin/nakapapansin; **Cont.** makakapansin/makapapansin
	OF	**Inf.** mapansín; **Perf.** napansin; **Imperf.** napapansin; **Cont.** mapapansin
Causative	A_1F	**Inf.** magpapansín; **Perf.** nagpapansin; **Imperf.** nagpapapansin; **Cont.** magpapapansin

		OF	Inf. ipapansín; Perf. ipinapansin; Imperf. ipinapapansin; Cont. ipapapansin

PASOK

		ACT	DIR	
		-um-	-in	"enter"
Indicative	AF	Inf. pumások; Perf. pumasok; Imperf. pumapasok; Cont. papasok		
	DF	Inf. pasúkin; Perf. pinások; Imperf. pinapasok; Cont. papasukin		
Aptative	AF	Inf. makapások; Perf. nakapasok; Imperf. nakakapasok/nakapapasok; Cont. makakapasok/makapapasok		
	DF	Inf. mapások; Perf. napasok; Imperf. napapasok; Cont. mapapasok		
Causative	AF	Inf. papasúkin; Perf. pinapások; Imperf. pinapapasok; Cont. papapasukin		

		ACT	OBJ	DIR	
		mag-	i-	-an	"take in"
Indicative	AF	Inf. magpások; Perf. nagpasok; Imperf. nagpapasok; Cont. magpapasok; Rec. Perf. kapapások			

	OF	**Inf.** ipások; **Perf.** ipinasok; **Imperf.** ipinapasok; **Cont.** ipapasok
	DF	**Inf.** pasúkan; **Perf.** pinasukan; **Imperf.** pinapasukan; **Cont.** papasukan
Aptative	AF	**Inf.** makapagpások; **Perf.** nakapagpasok; **Imperf.** nakakapagpasok/ nakapagpapasok; **Cont.** makakapagpasok/makapagpapasok
	OF	**Inf.** maipások; **Perf.** naipasok; **Imperf.** naipapasok; **Cont.** maipapasok
	DF	**Inf.** mapasúkan; **Perf.** napasukan; **Imperf.** napapasukan; **Cont.** mapapasukan
Causative	A_1F	**Inf.** magpapások; **Perf.** nagpapasok; **Imperf.** nagpapapasok; **Cont.** magpapapasok
	A_2F	**Inf.** (pa)pagpasúkin; **Perf.** pinapagpások/pinagpások; **Imperf.** pinapapagpasok/pinapagpapasok/ pinagpapasok; **Cont.** papapagpasukin/papagpapasukin/pagpapasukin
	OF	**Inf.** ipapások; **Perf.** ipinapasok; **Imperf.** ipinapapasok; **Cont.** ipapapasok
	DF	**Inf.** papasúkan; **Perf.** pinapasukan;

Imperf. pinapapasukan; Cont. papapasukan

PASYAL

		ACT	DIR	BEN	
		mag-	-an	i-	"take a walk/stroll/tour"
Indicative	AF	Inf. magpasyál; Perf. nagpasyal; Imperf. nagpapasyal; Cont. magpapasyal; Rec. Perf. kapapasyál
	DF	Inf. pasyalán; Perf. pinasyalan; Imperf. pinapasyalan; Cont. papasyalan
	BF	Inf. ipasyál; Perf. ipinasyal; Imperf. ipinapasyal; Cont. ipapasyal
Aptative	AF	Inf. maka(pag)pasyál; Perf. nakapagpasyal; Imperf. nakaka(pag)pasyal/naka(pag)papasyal; Cont. makaka(pag)pasyal/maka(pag)papasyal
	DF	Inf. mapasyalán; Perf. napasyalan; Imperf. napapasyalan; Cont. mapapasyalan
	BF	Inf. maipasyál; Perf. naipasyal; Imperf. naipapasyal; Cont. maipapasyal

Causative	A_1F	**Inf.** magpapasyál; **Perf.** nagpapasyal; **Imperf.** nagpapapasyal; **Cont.** magpapapasyal
	A_2F	**Inf.** (pa)pagpasyalín; **Perf.** pinapagpasyál/pinagpasyál; **Imperf.** pinapapagpasyal/pinapagpapasyal/pinagpapasyal; **Cont.** papapagpasyalin/papagpapasyalin/pagpapasyalin
	DF	**Inf.** papagpasyalán; **Perf.** pinapagpasyalan; **Imperf.** pinapapagpasyalan/pinapagpapasyalan; **Cont.** papapagpasyalan/papagpapasyalan
	BF	**Inf.** ipapasyál; **Perf.** ipinapasyal; **Imperf.** ipinapapasyal; **Cont.** ipapapasyal
Distributive	AF	**Inf.** mamasyál; **Perf.** namasyal; **Imperf.** namamasyal; **Cont.** mamamasyal
Aptative-Distributive	AF	**Inf.** makapamasyál; **Perf.** nakapamasyal; **Imperf.** nakakapamasyal/nakapamamasyal; **Cont.** makakapamasyal/makapamamasyal

                                                               PATAY
                         ACT   OBJ
                         -um-   -in   "kill"

Indicative   AF   **Inf.** pumatáy; **Perf.** pumatay;
                      Imperf. pumapatay; **Cont.** pa-
                      patay; **Rec. Perf.** kapápatay
                OF   **Inf.** patayín; **Perf.** pinatáy;
                      Imperf. pinapatay; **Cont.** papatayin

Aptative   A₁F   **Inf.** makapatáy; **Perf.** nakapatay;
                      Imperf. nakakapatay/nakapapatay;
                      Cont. makakapatay/makapapatay
                OF   **Inf.** mápatay; **Perf.** napatay;
                      Imperf. napapatay; **Cont.** mapapatay

Causative   A₂F   **Inf.** papatayín; **Perf.** pinapatáy;
                      Imperf. pinapapatay; **Cont.**
                      papapatayin
                OF   **Inf.** ipapatáy; **Perf.** ipinapatay;
                      Imperf. ipinapapatay; **Cont.**
                      ipapapatay

                    ACT   OBJ
                    mag-   -in   "slaughter"
                                           (as in animals)

Indicative   AF   **Inf.** magpatáy; **Perf.** nagpatay;
                    Imperf. nagpapatay; **Cont.**
                    magpapatay; **Rec. Perf.** kapápag-
                    patay

              OF   **Inf.** patayín; **Perf.** pinatáy;
                    Imperf. pinapatay; **Cont.** papatayin

Aptative   A₂F   **Inf.** makapagpatay; **Perf.** nakapag-
                    patay; **Imperf.** nakakapagpatay/
                    nakapagpapatay; **Cont.** makakapag-
                    patay/makapagpapatay

              OF   **Inf.** mápatay; **Perf.** napatay;
                    Imperf. napapatay; **Cont.** mapapatay

Causative   A₂F   **Inf.** (pa)pagpatayín; **Perf.** pina-
                    pagpatáy/pinagpatáy; **Imperf.**
                    pinapapagpatay/pinapagpapatay/
                    pinagpapatay; **Cont.** papapagpata-
                    yin/papagpapatayin/pagpapatayin

              OF   **Inf.** ipapatáy; **Perf.** ipinapatay;
                    Imperf. ipinapapatay; **Cont.**
                    ipapapatay

		ACT$_u$ REA
		mang- ika- "die"

Indicative OF **Inf.** mamatáy; **Perf.** namatay;
Imperf. namamatay; **Cont.** mama-
matay; **Rec. Perf.** kamámatay

RF **Inf.** ikamatáy; **Perf.** ikinamatay;
Imperf. ikinakamatay/ikinamamatay;
Cont. ikakamatay/ikamamatay

PAKAMATAY
ACT
mag-   "commit suicide"

Indicative AF **Inf.** magpakamatáy; **Perf.** nagpaka-
matay; **Imperf.** nagpapakamatay;
Cont. magpapakamatay;
Rec. Perf. kapápakamatay

PIGIL
ACT   DIR
(-um-)   -in   "restrain X"

Indicative DF **Inf.** pigilin; **Perf.** pinigil;
Imperf. pinipigil; **Cont.** pipi-
gilin; **Rec. Perf.** kapipigil

Aptative   AF **Inf.** makapigil; **Perf.** nakapigil;

		Imperf. nakakapigil/nakapipigil;
		Cont. makakapigil/makapipigil
	DF	**Inf.** mapígil; **Perf.** napigil;
		Imperf. napipigil; **Cont.** mapipigil
Causative	DF	**Inf.** ipapígil; **Perf.** ipinapigil;
		Imperf. ipinapapigil/ipinapipigil;
		Cont. ipapapigil/ipapipigil

                        ACT

                        mag-   "restrain self"

Indicative	AF	**Inf.** magpígil; **Perf.** nagpigil;
		Imperf. nagpipigil; **Cont.** magpipigil
Aptative	AF	**Inf.** makapagpígil; **Perf.** nakapagpigil; **Imperf.** nakakapagpigil/nakapagpipigil; **Cont.** makakapagpigil/makapagpipigil
Causative	A_1F	**Inf.** magpapígil; **Perf.** nagpapigil; **Imperf.** nagpapapigil; **Cont.** magpapapigil

                                              PILI'

	ACT	OBJ	DIR	
	-um-	-in	pag- -an	"choose"

Indicative AF **Inf.** pumili'; **Perf.** pumili';
                Imperf. pumipili'; **Cont.** pipili';
                Rec. Perf. kapipili'
            OF **Inf.** piliin; **Perf.** pinili';
                Imperf. pinipili'; **Cont.** pipiliin
            DF **Inf.** pagpilian; **Perf.** pinagpilian;
                Imperf. pinapagpilian/pinagpipi-
                lian; **Cont.** papagpilian/
                pagpipilian

Aptative   AF **Inf.** makapili'; **Perf.** nakapili';
                Imperf. nakakapili'/nakapipili';
                Cont. makakapili'/makapipili'
            OF **Inf.** mapili'; **Perf.** napili';
                Imperf. napipili'; **Cont.** mapipili'
            DF **Inf.** mapagpilian; **Perf.** napagpi-
                lian; **Imperf.** napapagpilian/napag-
                pipilian; **Cont.** mapapagpilian/
                mapagpipilian

Causative A_1F **Inf.** magpapili'; **Perf.** nagpapili';
                Imperf. nagpapapili'; **Cont.**
                magpapapili'

	A_2F	**Inf.** papiliin; **Perf.** pinapili; **Imperf.** pinapapili/pinapipili; **Cont.** papapiliin/papipiliin
	OF	**Inf.** ipapili'; **Perf.** ipinapili'; **Imperf.** ipinapapili'/ipinapipili'; **Cont.** ipapapili'/ipapipili'

ACT

mang-   "keep choosing"

Distributive	AF	**Inf.** mamili'; **Perf.** namili'; **Imperf.** namimili'; **Cont.** mamimili'
Aptative-Distributive	AF	**Inf.** makapamili'; **Perf.** nakapamili'; **Imperf.** nakakapamili'/nakapamimili'; **Cont.** makakapamili'/makapamimili'

PILIT

ACT	OBJ	DIR	
(-um-)	i-	-in	"force X"

Indicative	OF	**Inf.** ipilit; **Perf.** ipinilit; **Imperf.** ipinipilit; **Cont.** ipipilit; **Rec. Perf.** kapipilit
	DF	**Inf.** pilitin; **Perf.** pinilit; **Imperf.** pinipilit; **Cont.** pipilitin

Aptative	AF	**Inf.** makapilit; **Perf.** nakapilit; **Imperf.** nakakapilit/nakapipilit; **Cont.** makakapilit/makapipilit
	OF	**Inf.** maipilit; **Perf.** naipilit; **Imperf.** naipipilit; **Cont.** maipipilit
	DF	**Inf.** mapilit; **Perf.** napilit; **Imperf.** napipilit; **Cont.** mapipilit
Causative	A_1F	**Inf.** magpapilit; **Perf.** nagpapilit; **Imperf.** nagpapapilit; **Cont.** magpapapilit
	A_2F	**Inf.** papilitin; **Perf.** pinapilit; **Imperf.** pinapapilit/pinapipilit; **Cont.** papapilitin/papipilitin
	OF	**Inf.** ipapilit; **Perf.** ipinapilit; **Imperf.** ipinapapilit/ipinapipilit; **Cont.** ipapapilit/ipapipilit

ACT_u

ma- -an   "force, have no choice"

Indicative	AF	**Inf.** mapilitan; **Perf.** napilitan; **Imperf.** napipilitan; **Cont.** mapipilitan

		ACT	
		mag-	"force self, insist"

Indicative	AF	**Inf.** magpilit; **Perf.** nagpilit; **Imperf.** nagpipilit; **Cont.** magpipilit
Intensive	AF	**Inf.** magpumilit; **Perf.** nagpumilit; **Imperf.** nagpupumilit; **Cont.** magpupumilit

				PINTA
	ACT	OBJ	DIR	
	mag-	i-	-an	"paint"

Indicative	AF	**Inf.** magpintá; **Perf.** nagpinta; **Imperf.** nagpipinta; **Cont.** magpipinta; **Rec. Perf.** kapipintá
	OF	**Inf.** ipintá; **Perf.** ipininta; **Imperf.** ipinipinta; **Cont.** ipipinta
	DF	**Inf.** pintahán; **Perf.** pinintahan; **Imperf.** pinipintahan; **Cont.** pipintahan
Aptative	AF	**Inf.** makapagpintá; **Perf.** nakapagpinta; **Imperf.** nakakapagpinta/nakapagpipinta; **Cont.** makakapagpinta/makapagpipinta

	OF	**Inf.** maipintá; **Perf.** naipinta; **Imperf.** naipipinta; **Cont.** maipipinta
	DF	**Inf.** mapintahán; **Perf.** napintahan; **Imperf.** napipintahan; **Cont.** mapipintahan
Causative	A_1F	**Inf.** magpapintá; **Perf.** nagpapinta; **Imperf.** nagpapapinta; **Cont.** magpapapinta
	A_2F	**Inf.** (pa)pagpintahín; **Perf.** pinapagpintá/pinagpintá; **Imperf.** pinapapagpinta/pinapagpipinta/pinagpipinta; **Cont.** papapagpintahin/papagpipintahin/pagpipintahin
	OF	**Inf.** ipapintá; **Perf.** ipinapinta; **Imperf.** ipinapapinta/ipinapipinta; **Cont.** ipapapinta/ipapipinta
	DF	**Inf.** papintahán; **Perf.** pinapintahan; **Imperf.** pinapapintahan/pinapipintahan; **Cont.** papapintahan/papipintahan

PLANTSA

	ACT	OBJ	
	mag-	-in	"iron or press"

Indicative AF **Inf.** magplántsa; **Perf.** nagplantsa; **Imperf.** nagpaplantsa; **Cont.** magpaplantsa; **Rec. Perf.** kapaplántsa

OF **Inf.** plántsahin; **Perf.** pinalantsa; **Imperf.** pinaplantsa; **Cont.** paplantsahin

Aptative AF **Inf.** makapagplántsa; **Perf.** nakapagplantsa; **Imperf.** nakakapagplantsa/nakapagpaplantsa; **Cont.** makakapagplantsa/makapagpaplantsa

OF **Inf.** maplántsa; **Perf.** naplantsa; **Imperf.** napaplantsa; **Cont.** mapaplantsa

Causative A_1F **Inf.** magpaplántsa; **Perf.** nagpaplantsa; **Imperf.** nagpapaplantsa; **Cont.** magpapaplantsa

A_2F **Inf.** (pa)pagplántsahin; **Perf.** pinapagplantsa/pinagplantsa; **Imperf.** pinapapagplantsa/pinapagpaplantsa; **Cont.** papapagplantsahin/papagpaplantsahin/pagpaplantsahin

	OF	**Inf.** ipaplántsa; **Perf.** ipinaplantsa; **Imperf.** ipinapaplantsa; **Cont.** ipapaplantsa
Distributive	AF	**Inf.** mamalántsa; **Perf.** namalantsa; **Imperf.** namamalantsa; **Cont.** mamamalantsa
Aptative-Distributive	AF	**Inf.** makapamalántsa; **Perf.** nakapamalantsa; **Imperf.** nakakapamalantsa/nakapamamalantsa; **Cont.** makakapamalantsa/makapamamalantsa

PUNAS

ACT	OBJ	INS	
mag-	-an	ipang-	"wipe"

Indicative	AF	**Inf.** magpúnas; **Perf.** nagpunas; **Imperf.** nagpupunas; **Cont.** magpupunas; **Rec. Perf.** kapupúnas
	OF	**Inf.** punásan; **Perf.** pinunasan; **Imperf.** pinupunasan; **Cont.** pupunasan
	IF	**Inf.** ipampúnas; **Perf.** ipinampunas; **Imperf.** ipinapampunas; **Cont.** ipapampunas
Aptative	AF	**Inf.** makapagpúnas; **Perf.** nakapagpunas; **Imperf.** nakakapagpunas/

		nakapagpupunas; **Cont.** makakapagpunas/makapagpupunas
	OF	**Inf.** mapunásan; **Perf.** napunasan; **Imperf.** napupunasan; **Cont.** mapupunasan
	IF	**Inf.** maipampúnas; **Perf.** naipampunas; **Imperf.** naipapampunas; **Cont.** maipapampunas
Causative	A_1F	**Inf.** magpapúnas; **Perf.** nagpapunas; **Imperf.** nagpapapunas; **Cont.** magpapapunas
	A_2F	**Inf.** (pa)pagpunásin; **Perf.** pinapagpúnas/pinagpúnas; **Imperf.** pinapapagpunas/pinapagpupunas/pinagpupunas; **Cont.** papapagpunasin/papagpupunasin/pagpupunasin
	OF	**Inf.** papunásan; **Perf.** pinapunasan; **Imperf.** pinapapunasan/pinapupunasan; **Cont.** papapunasan/papupunasan

PUNIT

	OBJ	REA	
	ma-	ika-	"become torn"
Indicative	OF	**Inf.** mapúnit; **Perf.** napunit; **Imperf.** napupunit; **Cont.** mapupunit; **Rec. Perf.** kapupúnit	

		RF	**Inf.** ikapúnit; **Perf.** ikinapunit; **Imperf.** ikinakapunit/ikinapupunit; **Cont.** ikakapunit/ikapupunit	
Aptative		RF	**Inf.** makapúnit; **Perf.** nakapunit; **Imperf.** nakakapunit/nakapupunit; **Cont.** makakapunit/makapupunit	

		ACT	OBJ	DIR	
		(-um-)	-in	-an	"tear"
Indicative		OF	**Inf.** punítin; **Perf.** pinúnit; **Imperf.** pinupunit; **Cont.** pupunitin; **Rec. Perf.** kapupúnit		
		DF	**Inf.** punítan; **Perf.** pinunitan; **Imperf.** pinupunitan; **Cont.** pupunitan		
Aptative		AF	**Inf.** makapúnit; **Perf.** nakapunit; **Imperf.** nakakapunit/nakapupunit; **Cont.** makakapunit/makapupunit		
		OF	**Inf.** mapúnit; **Perf.** napunit; **Imperf.** napupunit; **Cont.** mapupunit		
		DF	**Inf.** mapunítan; **Perf.** napunitan; **Imperf.** napupunitan; **Cont.** mapupunitan		
Causative		A_1F	**Inf.** magpapúnit; **Perf.** nagpapunit; **Imperf.** nagpapapunit; **Cont.** magpapapunit		

	A₂F	**Inf.** papunítin; **Perf.** pinapúnit; **Imperf.** pinapapunit/pinapupunit; **Cont.** papapunitin/papupunitin
	OF	**Inf.** ipapúnit; **Perf.** ipinapunit; **Imperf.** ipinapapunit/ipinapupunit; **Cont.** ipapapunit/ipapupunit
	DF	**Inf.** papunítan; **Perf.** pinapunitan; **Imperf.** pinapapunitan/pinapupunitan; **Cont.** papapunitan/papupunitan

PUNO'

	OBJ	REA	
	ma-	ika-	"become full"

Indicative	OF		**Inf.** mapunó'; **Perf.** napuno'; **Imperf.** napupuno'; **Cont.** mapupuno'; **Rec. Perf.** kapúpuno'
	RF		**Inf.** ikapunó'; **Perf.** ikinapuno'; **Imperf.** ikinakapuno'/ikinapupuno'; **Cont.** ikakapuno'/ikapupuno'
Aptative	RF		**Inf.** makapunó'; **Perf.** nakapuno'; **Imperf.** nakakapuno'/nakapupuno'; **Cont.** makakapuno'/makapupuno'

		ACT mag-	OBJ -in	"fill up a container"

Indicative AF **Inf.** magpunó'; **Perf.** nagpuno'; **Imperf.** nagpupuno'; **Cont.** magpupuno'; **Rec. Perf.** kapúpuno'

OF **Inf.** punuín; **Perf.** pinunó'; **Imperf.** pinupuno'; **Cont.** pupunuin

Aptative AF **Inf.** maka(pag)punó'; **Perf.** naka(pag)puno'; **Imperf.** nakaka(pag)puno'/naka(pag)pupuno'; **Cont.** makaka(pag)puno'/maka(pag)pupuno'

OF **Inf.** mapunó'; **Perf.** napuno'; **Imperf.** napupuno'; **Cont.** mapupuno'

Causative A_1F **Inf.** magpapunó'; **Perf.** nagpapuno'; **Imperf.** nagpapapuno'; **Cont.** magpapapuno'

A_2F **Inf.** (pa)pagpunuín; **Perf.** pinapagpunó'/pinagpunó'; **Imperf.** pinapapagpunó'/pinapagpupunó'/pinagpupuno'; **Cont.** papapagpunuin/papagpupunuin/pagpupunuin

OF **Inf.** ipapunó'; **Perf.** ipinapuno'; **Imperf.** ipinapapuno'/ipinapupuno'; **Cont.** ipapapuno'/ipapupuno'

  PUNTA

               ACT   DIR
              -um-/mag-   -an   "go to"

Indicative   AF   **Inf.** pumuntá; **Perf.** pumunta;
                    Imperf. pumupunta; **Cont.** pupunta
              or
              AF   **Inf.** magpuntá; **Perf.** nagpunta;
                    Imperf. nagpupunta; **Cont.**
                    magpupunta; **Rec. Perf.** kapúpunta
              DF   **Inf.** puntahán; **Perf.** pinuntahan;
                    Imperf. pinupuntahan; **Cont.**
                    pupuntahan

Aptative   AF   **Inf.** makapuntá; **Perf.** nakapunta;
                    Imperf. nakakapunta/nakapupunta;
                    Cont. makakapunta/makapupunta
              DF   **Inf.** mapuntahán; **Perf.** napuntahan;
                    Imperf. napupuntahan; **Cont.**
                    mapupuntahan

Causative A_1F **Inf.** magpapuntá; **Perf.** nagpapunta;
                    Imperf. nagpapapunta; **Cont.**
                    magpapapunta
              A_2F **Inf.** papuntahín; **Perf.** pinapuntá;
                    Imperf. pinapapunta/pinapupunta;
                    Cont. papapuntahin/papupuntahin
              DF   **Inf.** papuntahán; **Perf.**

Involuntary		pinapuntahan; **Imperf.** pinapapuntahan/pinapupuntahan; **Cont.** papapuntahan/papupuntahan
	AF	**Inf.** mapapuntá; **Perf.** napapunta; **Imperf.** napapapunta; **Cont.** mapapapunta

PUTOL

	ACT	OBJ	DIR	
	-um-	-in	-an	"cut a piece from"

Indicative	AF	**Inf.** pumútol; **Perf.** pumutol; **Imperf.** pumuputol; **Cont.** puputol; **Rec. Perf.** kapupútol
	OF	**Inf.** putúlin; **Perf.** pinútol; **Imperf.** pinuputol; **Cont.** puputulin
	DF	**Inf.** putúlan; **Perf.** pinutulan; **Imperf.** pinuputulan; **Cont.** puputulan
Aptative	AF	**Inf.** makapútol; **Perf.** nakaputol; **Imperf.** nakakaputol/nakapuputol; **Cont.** makakaputol/makapuputol
	OF	**Inf.** mapútol; **Perf.** naputol; **Imperf.** napuputol; **Cont.** mapuputol
	DF	**Inf.** maputúlan; **Perf.** naputulan; **Imperf.** napuputulan; **Cont.** mapuputulan

Causative	A_1F	**Inf.** magpapútol; **Perf.** nagpaputol; **Imperf.** nagpapaputol; **Cont.** magpapaputol
	A_2F	**Inf.** paputúlin; **Perf.** pinapútol; **Imperf.** pinapaputol/pinapuputol; **Cont.** papaputulin/papuputulin
	OF	**Inf.** ipapútol; **Perf.** ipinaputol; **Imperf.** ipinapaputol/ipinapuputol; **Cont.** ipapaputol/ipapuputol
	DF	**Inf.** paputúlan; **Perf.** pinaputulan; **Imperf.** pinapaputulan/pinapuputulan; **Cont.** papaputulan/papuputulan

REGALO

ACT	OBJ	DIR	
mag-	i-	-an	"give a gift"

Indicative	AF	**Inf.** magregálo; **Perf.** nagregalo; **Imperf.** nagreregalo; **Cont.** magreregalo; **Rec. Perf.** kareregálo
	OF	**Inf.** iregálo; **Perf.** irinegalo/iniregalo; **Imperf.** irineregalo/inireregalo; **Cont.** ireregalo
	DF	**Inf.** regalúhan; **Perf.** rinegaluhan; **Imperf.** rineregaluhan/nireregaluhan; **Cont.** reregaluhan

Aptative	AF	**Inf.** makapagregálo; **Perf.** nakapagregalo; **Imperf.** nakakapagregalo/nakapagreregalo; **Cont.** makakapagregalo/makapagreregalo
	OF	**Inf.** mairegálo; **Perf.** nairegalo; **Imperf.** naireregalo; **Cont.** maireregalo
	DF	**Inf.** maregalúhan; **Perf.** naregaluhan; **Imperf.** nareregaluhan; **Cont.** mareregaluhan
Causative	A_1F	**Inf.** magparegálo; **Perf.** nagparegalo; **Imperf.** nagpaparegalo; **Cont.** magpaparegalo
	A_2F	**Inf.** (pa)pagregalúhin; **Perf.** pinapagregálo/pinagregálo; **Imperf.** pinapapagregalo/pinapagreregalo/pinagreregalo; **Cont.** papapagregaluhin/papagreregaluhin/pagreregaluhin
	OF	**Inf.** ipagregálo; **Perf.** ipinagregalo; **Imperf.** ipinapagregalo/ipinagreregalo; **Cont.** ipapagregalo/ipagreregalo
	DF	**Inf.** paregalúhan; **Perf.** pinaregaluhan; **Imperf.** pinaparegaluhan/pinareregaluhan; **Cont.** paparegaluhan/pareregaluhan

Reciprocal AF (pl.) **Inf.** magregalúhan; **Perf.** nagregaluhan; **Imperf.** nagreregaluhan; **Cont.** magreregaluhan

SABI

ACT OBJ DIR
mag- -in -an   "say"

Indicative AF **Inf.** magsábi; **Perf.** nagsabi; **Imperf.** nagsasabi; **Cont.** magsasabi; **Rec. Perf.** kasasábi

OF **Inf.** sabíhin; **Perf.** sinábi; **Imperf.** sinasabi; **Cont.** sasabihin

DF **Inf.** sabíhan; **Perf.** sinabihan; **Imperf.** sinasabihan; **Cont.** sasabihan

Aptative AF **Inf.** makapagsábi; **Perf.** nakapagsabi; **Imperf.** nakakapagsabi/nakapagsasabi; **Cont.** makakapagsabi/makapagsasabi

OF **Inf.** masábi; **Perf.** nasabi; **Imperf.** nasasabi; **Cont.** masasabi

DF **Inf.** masabíhan; **Perf.** nasabihan; **Imperf.** nasasabihan; **Cont.** masasabihan

Causative A_1F **Inf.** magpasábi; **Perf.** nagpasabi;

     Imperf. nagpapasabi/nagpasasabi;
     Cont. magpapasabi/magpasasabi
   OF **Inf.** ipasábi; **Perf.** ipinasabi;
     Imperf. ipinapasabi/ipinasasabi;
     Cont. ipapasabi/ipasasabi
   DF **Inf.** pasabíhan; **Perf.** pinasabihan;
     Imperf. pinapasabihan/pinasasabihan; **Cont.** papasabihan/pasasabihan

         SAGOT

  ACT OBJ DIR
  -um- -i -in   "answer"

Indicative AF **Inf.** sumagót; **Perf.** sumagot;
     Imperf. sumasagot; **Cont.** sasagot;
     Rec. Perf. kasásagot
   OF **Inf.** isagót; **Perf.** isinagot;
     Imperf. isinasagot; **Cont.** isasagot
   DF **Inf.** sagutín; **Perf.** sinagót;
     Imperf. sinasagot; **Cont.** sasagutin
Aptative AF **Inf.** makasagót; **Perf.** nakasagot;
     Imperf. nakakasagot/nakasasagot;
     Cont. makakasagot/makasasagot
   OF **Inf.** maisagót; **Perf.** naisagot;
     Imperf. naisasagot; **Cont.** maisasagot
   DF **Inf.** masagót; **Perf.** nasagot;
     Imperf. nasasagot; **Cont.** masasagot

Causative	A_1F	**Inf.** magpasagót; **Perf.** nagpasagot; **Imperf.** nagpapasagot; **Cont.** magpapasagot
	A_2F	**Inf.** pasagutín; **Perf.** pinasagót; **Imperf.** pinapasagot/pinasasagot; **Cont.** papasagutin/pasasagutin
	OF	**Inf.** ipasagót; **Perf.** ipinasagot; **Imperf.** ipinapasagot/ipinasasagot; **Cont.** ipapasagot/ipasasagot
Involuntary	AF	**Inf.** mapasagót; **Perf.** napasagot; **Imperf.** napapasagot; **Cont.** mapapasagot

SAKAY

ACT	DIR	
-um-	-an	"ride" (intransitive)

Indicative	AF	**Inf.** sumakáy; **Perf.** sumakay; **Imperf.** sumasakay; **Cont.** sasakay; **Rec. Perf.** kasásakay
	DF	**Inf.** sakyán; **Perf.** sinakyan; **Imperf.** sinasakyan; **Cont.** sasakyan
Aptative	AF	**Inf.** makasakáy; **Perf.** nakasakay; **Imperf.** nakakasakay/nakasasakay; **Cont.** makakasakay/makasasakay

	DF	**Inf.** masakyán; **Perf.** nasakyan; **Imperf.** nasasakyan; **Cont.** masasakyan
Causative	A₁F	**Inf.** magpasakáy; **Perf.** nagpasakay; **Imperf.** nagpapasakay; **Cont.** magpapasakay
	A₂F	**Inf.** pasakayín; **Perf.** pinasakáy; **Imperf.** pinapasakay/pinasasakay; **Cont.** papasakayin/pasasakayin
	DF	**Inf.** pasakyán; **Perf.** pinasakyan; **Imperf.** pinapasakyan/pinasasakyan; **Cont.** papasakyan/pasasakyan
Associative	AF	**Inf.** makisakáy; **Perf.** nakisakay; **Imperf.** nakikisakay; **Cont.** makikisakay

ACT	OBJ	LOC	
mag-	i-	pa- -an	"make X ride"

Indicative	AF	**Inf.** magsakáy; **Perf.** nagsakay; **Imperf.** nagsasakay; **Cont.** magsasakay
	OF	**Inf.** isakáy; **Perf.** isinakay; **Imperf.** isinasakay; **Cont.** isasakay
	LF	**Inf.** pasakyán; **Perf.** pinasakyan; **Imperf.** pinapasakyan/pinasasakyan; **Cont.** papasakyan/pasasakyan

Aptative		AF	**Inf.** makapagsakáy; **Perf.** nakapagsakay; **Imperf.** nakakapagsakay/nakapagsasakay; **Cont.** makakapagsakay/makapagsasakay
		OF	**Inf.** maisakáy; **Perf.** naisakay; **Imperf.** naisasakay; **Cont.** maisasakay
		LF	**Inf.** mapasakyán; **Perf.** napasakyan; **Imperf.** napapasakyan/napasasakyan; **Cont.** mapapasakyan/mapasasakyan
Causative		A_1F	**Inf.** magpasakáy; **Perf.** nagpasakay; **Imperf.** nagpapasakay; **Cont.** magpapasakay
		OF	**Inf.** pasakayín; **Perf.** pinasakáy; **Imperf.** pinapasakay/pinasasakay; **Cont.** papasakayin/pasasakayin
		LF	**Inf.** papasakyán; **Perf.** pinapasakyan; **Imperf.** pinapapasakyan/pinapasasakyan; **Cont.** papapasakyan/papasasakyan

SAKIT

ACT

    -um-   "ache, hurt"

                    (intransitive)

Indicative   AF   **Inf.** sumakít; **Perf.** sumakit;

		Imperf. sumasakit; **Cont.** sasakit; **Rec. Perf.** kasásakit

        DIR
        -an   "hurt"

Indicative	DF	**Inf.** saktán; **Perf.** sinaktan; **Imperf.** sinasaktan; **Cont.** sasaktan
Aptative	DF	**Inf.** masaktán; **Perf.** nasaktan; **Imperf.** nasasaktan; **Cont.** masasaktan

        ACT
        magka-   "become sick"

Indicative	AF	**Inf.** magkasakít; **Perf.** nagkasakit; **Imperf.** nagkakasakit; **Cont.** magkakasakit; **Rec. Perf.** kakákasakit

                                SALI
        ACT   DIR
        -um-   -an   "take part in"
                              (intransitive)

Indicative	AF	**Inf.** sumáli; **Perf.** sumali; **Imperf.** sumasali; **Cont.** sasali; **Rec. Perf.** kasasáli

	DF	**Inf.** salíhan; **Perf.** sinalihan; **Imperf.** sinasalihan; **Cont.** sasalihan
Aptative	AF	**Inf.** makasáli; **Perf.** nakasali; **Imperf.** nakakasali/nakasasali; **Cont.** makakasali/makasasali
	DF	**Inf.** masalíhan; **Perf.** nasalihan; **Imperf.** nasasalihan; **Cont.** masasalihan
Causative	A₁F	**Inf.** magpasáli; **Perf.** nagpasali; **Imperf.** nagpapasali; **Cont.** magpapasali
	A₂F	**Inf.** pasalíhin; **Perf.** pinasáli; **Imperf.** pinapasali/pinasasali; **Cont.** papasalihin/pasasalihin
	DF	**Inf.** pasalíhan; **Perf.** pinasalihan; **Imperf.** pinapasalihan/pinasasalihan; **Cont.** papasalihan/pasasalihan

```
         ACT   OBJ   LOC
         mag-  i-    pa-  -an      "get X to take
                                    part in"
```

Indicative	AF	**Inf.** magsáli; **Perf.** nagsali; **Imperf.** nagsasali; **Cont.** magsasali
	OF	**Inf.** isáli; **Perf.** isinali; **Imperf.** isinasali; **Cont.** isasali

	LF	**Inf.** pasalihan; **Perf.** pinasalihan; **Imperf.** pinapasalihan/pinasasalihan; **Cont.** papasalihan/pasasalihan
Aptative	AF	**Inf.** makapagsáli; **Perf.** nakapagsali; **Imperf.** nakakapagsali/nakapagsasali; **Cont.** makakapagsali/makapagsasali
	OF	**Inf.** maisáli; **Perf.** naisali; **Imperf.** naisasali; **Cont.** maisasali
	LF	**Inf.** mapasalihan; **Perf.** napasalihan; **Imperf.** napapasalihan/napasasalihan; **Cont.** mapapasalihan/mapasasalihan
Causative	A_1F	**Inf.** magpasáli; **Perf.** nagpasali; **Imperf.** nagpapasali; **Cont.** magpapasali
	OF	**Inf.** pasalihin; **Perf.** pinasáli; **Imperf.** pinapasali/pinasasali; **Cont.** papasalihin/pasasalihin
	or	
	OF	**Inf.** ipasáli; **Perf.** ipinasali; **Imperf.** ipinapasali/ipinasasali; **Cont.** ipapasali/ipasasali
	LF	**Inf.** papasalihan; **Perf.** pinapasalihan; **Imperf.** pinapapasalihan; **Cont.** papapasalihan

SALITA'
ACT
mag- "speak"

Indicative	AF	**Inf.** magsalitá'; **Perf.** nagsalita'; **Imperf.** nagsasalita'; **Cont.** magsasalita'; **Rec. Perf.** kasásalita'
Aptative	AF	**Inf.** makapagsalitá'; **Perf.** nakapagsalita'; **Imperf.** nakakapagsalita'/nakapagsasalita'; **Cont.** makakapagsalita'/makapagsasalita'

SALUBONG

ACT DIR
-um- -in "meet to welcome"

Indicative	AF	**Inf.** sumalúbong; **Perf.** sumalubong; **Imperf.** sumasalubong; **Cont.** sasalubong; **Rec. Perf.** kasasalúbong
	DF	**Inf.** salubúngin; **Perf.** sinalúbong; **Imperf.** sinasalubong; **Cont.** sasalubungin
Aptative	AF	**Inf.** makasalúbong; **Perf.** nakasalubong; **Imperf.** nakakasalubong/nakasasalubong; **Cont.** makakasalubong/makasasalubong

	AF	**Inf.** makasalúbong; **Perf.** nakasalubong; **Imperf.** nakakasalubong/nakasasalubong; **Cont.** makakasalubong/makasasalubong
Causative	A_1F	**Inf.** magpasalúbong; **Perf.** nagpasalubong; **Imperf.** nagpapasalubong; **Cont.** magpapasalubong
	A_2F	**Inf.** pasalubungín; **Perf.** pinasalúbong; **Imperf.** pinapasalubong/pinasasalubong; **Cont.** papasalubungin/pasasalubungin

DIR

mag-/magka- "meet accidentally"

Reciprocal	AF	(pl.) **Inf.** magsalúbong; **Perf.** nagsalubong; **Imperf.** nagsasalubong; **Cont.** magsasalubong
	or	
	AF	(pl.) **Inf.** magkasalúbong; **Perf.** nagkasalubong; **Imperf.** nagkakasalubong; **Cont.** magkakasalubong
Accidental	DF	**Inf.** mákasalubong; **Perf.** nakasalubong; **Imperf.** nakakasalubong; **Cont.** makakasalubong
	or	

		DF	Inf. másalubong; Perf. nasalubong; Imperf. nasasalubong; Cont. masasalubong

PASALUBONG

ACT	OBJ	DIR	
magka-	i-	-an	"give a gift from one's travels"

Indicative		AF	Inf. magpasalúbong; Perf. nagpasalubong; Imperf. nagpapasalubong; Cont. magpapasalubong; Rec. Perf. kapapasalúbong
		OF	Inf. ipasalúbong; Perf. ipinasalubong; Imperf. ipinapasalubong/ ipinasasalubong; Cont. ipapasalubong/ipasasalubong
		DF	Inf. pasalubúngan; Perf. pinasalubungan; Imperf. pinapasalubungan/ pinasasalubungan; Cont. papasalubungan/pasasalubungan
Aptative		AF	Inf. makapagpasalúbong; Perf. nakapagpasalubong; Imperf. nakakapagpasalubong/nakapagpapasalubong; Cont. makakapagpasalubong/makapagpapasalubong
		OF	Inf. maipasalúbong; Perf. naipa-

		salubong; **Imperf.** naipapasalubong; **Cont.** maipapasalubong
	DF	**Inf.** mapasalubúngan; **Perf.** napasalubungan; **Imperf.** napapasalubungan; **Cont.** mapapasalubungan
Causative	A₁F	**Inf.** magpapasalúbong; **Perf.** nagpapasalubong; **Imperf.** nagpapapasalubong; **Cont.** magpapapasalubong
	OF	**Inf.** ipapasalúbong; **Perf.** ipinapasalubong; **Imperf.** ipinapapasalubong; **Cont.** ipapapasalubong
	DF	**Inf.** papasalubúngan; **Perf.** pinapasalubungan; **Imperf.** pinapapasalubungan; **Cont.** papapasalubungan

SAMA

		ACT	DIR	
		-um-	-an	"accompany"
Indicative	AF	**Inf.** sumáma; **Perf.** sumama; **Imperf.** sumasama; **Cont.** sasama; **Rec. Perf.** kasasáma		
	DF	**Inf.** samáhan; **Perf.** sinamahan; **Imperf.** sinasamahan; **Cont.** sasamahan		
Aptative	AF	**Inf.** makasáma; **Perf.** nakasama;		

		Imperf. nakakasama; **Cont.** makakasama
	DF	**Inf.** masamáhan; **Perf.** nasamahan; **Imperf.** nasasamahan; **Cont.** masasamahan
Causative	A_1F	**Inf.** magpasáma; **Perf.** nagpasama; **Imperf.** nagpapasama; **Cont.** magpapasama
	A_2F	**Inf.** pasamahín; **Perf.** pinasáma; **Imperf.** pinapasama/pinasasama; **Cont.** papasamahin/pasasamahin
	DF	**Inf.** pasamáhan; **Perf.** pinasamahan; **Imperf.** pinapasamahan/pinasasamahan; **Cont.** papasamahan/pasasamahan
Involuntary	A_2F	**Inf.** mapasáma; **Perf.** napasama; **Imperf.** napapasama/napasasama; **Cont.** mapapasama/mapasasama

	OBJ	DIR	
	i–	–an	"make X accompany"

Indicative	DF	**Inf.** samáhan; **Perf.** sinamahan; **Imperf.** sinasamahan; **Cont.** sasamahan
Aptative	DF	**Inf.** masamáhan; **Perf.** nasamahan; **Imperf.** nasasamahan; **Cont.** masasamahan
Causative	A_1F	**Inf.** magpasáma; **Perf.** nagpasama;

		Imperf. nagpapasama; **Cont.** magpapasama
	DF	**Inf.** pasamáhan; **Perf.** pinasamahan; **Imperf.** pinapasamahan/pinasasamahan; **Cont.** papasamahan/pasasamahan

                    ACT
                    magka-   "to be companions"

Indicative	AF	(pl.) **Inf.** magkasáma; **Perf.** nagkasama; **Imperf.** nagkakasama; **Cont.** magkakasama

                                    SAMA
                ACT   DIR
                -um-   -an   "go with"

Indicative	AF	**Inf.** sumáma; **Perf.** sumama; **Imperf.** sumasama; **Cont.** sasama; **Rec. Perf.** kasasáma
	DF	**Inf.** samáhan; **Perf.** sinamahan; **Imperf.** sinasamahan; **Cont.** sasamahan
Aptative	AF	**Inf.** makasáma; **Perf.** nakasama; **Imperf.** nakakasama/nakasasama; **Cont.** makakasama/makasasama
	DF	**Inf.** masamáhan; **Perf.** nasamahan;

		Imperf. nasasamahan; Cont. masasamahan
Causative	A₁F	Inf. magpasáma; Perf. nagpasama; Imperf. nagpapasama; Cont. magpapasama
	OF	Inf. pasamáhin; Perf. pinasáma; Imperf. pinapasama/pinasasama; Cont. papasamahin/pasasamahin
	DF	Inf. pasamáhan; Perf. pinasamahan; Imperf. pinapasamahan/pinasasamahan; Cont. papasamahan/pasasamahan

```
              ACT       OBJ
              mag-      i-        "bring along"
```

Indicative	AF	Inf. magsáma; Perf. nagsama; Imperf. nagsasama; Cont. magsasama
	OF	Inf. isáma; Perf. isinama; Imperf. isinasama; Cont. isasama
Aptative	AF	Inf. makapagsáma; Perf. nakapagsama; Imperf. nakakapagsama/nakapagsasama; Cont. makakapagsama/makapagsasama
	OF	Inf. maisáma; Perf. naisama; Imperf. naisasama; Cont. maisasama
Causative	A₂F	Inf. (pa)pagsamáhin; Perf. pinapagsáma/pinagsáma; Imperf.

pinapapagsama/pinapagsasama/pinag-
sasama; **Cont.** papapagsamahin/
papagsasamahin/pagsasamahin

OF   **Inf.** ipasáma;   **Perf.** ipinasama;
Imperf. ipinapasama/ipinasasama;
Cont. ipapasama/ipasasama

SAMA'

         ACT_u REA
         -um-   ika-   "become bad,
                                     unlucky"

Indicative   AF   **Inf.** sumamá';   **Perf.** sumama';
Imperf. sumasama';   **Cont.** sasama';
Rec. Perf. kasasamá'

           RF   **Inf.** ikasamá';   **Perf.** ikinasama';
Imperf. ikinakasama'/ikinasasama';
Cont. ikakasama'/ikasasama'

Aptative   RF   **Inf.** makasamá';   **Perf.** nakasama';
Imperf. nakakasama'/nakasasama';
Cont. makakasama'/makasasama'

Causative A_1F **Inf.** magpasamá';   **Perf.** nagpasama';
Imperf. nagpapasama';   **Cont.**
magpapasama'

           OF   **Inf.** pasamain;   **Perf.** pinasamá';
Imperf. pinapasama'/pinasasama';
Cont. papasamain/pasasamain

SARA

	OBJ	REA	
	-um-	ika-	"become closed"

Indicative OF **Inf.** sumará; **Perf.** sumara; **Imperf.** sumasara; **Cont.** sasara; **Rec. Perf.** kasásara

RF **Inf.** ikasará; **Perf.** ikinasara; **Imperf.** ikinakasara/ikinasasara; **Cont.** ikakasara/ikasasara

	ACT	OBJ	DIR	
	mag-	i-	-an	"close"

Indicative AF **Inf.** magsará; **Perf.** nagsara; **Imperf.** nagsasara; **Cont.** magsasara; **Rec. Perf.** kasasará

OF **Inf.** isará; **Perf** isinara; **Imperf.** isinasara; **Cont.** isasara

DF **Inf.** sar(a)hán; **Perf.** sinar(a)han; **Imperf.** sinasar(a)han; **Cont.** sasar(a)han

Aptative AF **Inf.** makapagsará; **Perf.** nakapagsara; **Imperf.** nakakapagsara/nakapagsasara; **Cont.** makakapagsara/makapagsasara

OF **Inf.** ma(i)sará; **Perf.** na(i)sara;

		Imperf. na(i)sasara; **Cont.** ma-(i)sasara
	DF	**Inf.** ma(pag)sar(a)hán; **Perf.** na-(pag)sar(a)han; **Imperf.** napapagsar(a)han/napagsasar(a)han/nasasar(a)han; **Cont.** mapapagsar(a)han/mapagsasar(a)han/masasar(a)han
Causative	A_1F	**Inf.** magpasará; **Perf.** nagpasara; **Imperf.** nagpapasara; **Cont.** magpapasara
	A_2F	**Inf.** papagsar(a)hín; **Perf.** pinapagsará/pinagsará; **Imperf.** pinapapagsara/pinapagsasara/pinagsasara; **Cont.** papapagsar(a)hin/papagsasar(a)hin/pagsasar(a)hin
	OF	**Inf.** ipasará; **Perf.** ipinasara; **Imperf.** ipinapasara/ipinasasara; **Cont.** ipapasara/ipasasara
	DF	**Inf.** pasar(a)hán; **Perf.** pinasar(a)han; **Imperf.** pinapasar(a)han/pinasasar(a)han; **Cont.** papasar(a)han/pasasar(a)han

SAULI'

	ACT	OBJ	DIR	
	mag-	i-	-an	"return something borrowed or taken"

Indicative   AF **Inf.** magsaúli'; **Perf.** nagsauli'; **Imperf.** nagsasauli'; **Cont.** magsasauli'; **Rec. Perf.** kasasaúli'

            OF **Inf.** isaúli'; **Perf.** isinauli'; **Imperf.** isinasauli'; **Cont.** isasauli'

            DF **Inf.** saulian; **Perf.** sinaulian; **Imperf.** sinasaulian; **Cont.** sasaulian

Aptative   AF **Inf.** makapagsaúli'; **Perf.** nakapagsauli'; **Imperf.** nakakapagsauli'/nakapagsasauli'; **Cont.** makakapagsauli'/makapagsasauli'

            OF **Inf.** ma(i)saúli'; **Perf.** na(i)sauli'; **Imperf.** na(i)sasauli'; **Cont.** ma(i)sasauli'

            DF **Inf.** masaulian; **Perf.** nasaulian; **Imperf.** nasasaulian; **Cont.** masasaulian

Causative A_1F **Inf.** magpasaúli'; **Perf.** nagpasauli'; **Imperf.** nagpapasauli'; **Cont.** magpapasauli'

A_2F **Inf.** (pa)pagsauliin; **Perf.** pinapagsaúli'/pinagsaúli'; **Imperf.** pinapapagsauli'/pinapagsasauli'/pinagsasauli'; **Cont.** papapagsauliin/papagsasauliin/pagsasauliin

OF **Inf.** ipasaúli'; **Perf.** ipinasauli'; **Imperf.** ipinapasauli'/ipinasasauli'; **Cont.** ipapasauli'/ipasasauli'

DF **Inf.** pasaulían; **Perf.** pinasaulian; **Imperf.** pinapasaulian/pinasasaulian; **Cont.** papasaulian/pasasaulian

SAYA

	ACT_u	REA	
	-um-	ika-	"become happy or gay"

Indicative	AF	**Inf.** sumayá; **Perf.** sumaya; **Imperf.** sumasaya; **Cont.** sasaya	
	RF	**Inf.** ikasayá; **Perf.** ikinasaya; **Imperf.** ikinakasaya/ikinasasaya; **Cont.** ikakasaya/ikasasaya	
Aptative	RF	**Inf.** makasayá; **Perf.** nakasaya; **Imperf.** nakakasaya/nakasasaya; **Cont.** makakasaya/makasasaya	

			ACT
			mag- "be happy"

Indicative	AF	**Inf.** magsáya; **Perf.** nagsaya; **Imperf.** nagsasaya; **Cont.** magsasaya
Aptative	AF	**Inf.** makapagsayá; **Perf.** nakapagsaya; **Imperf.** nakakapagsaya/ nakapagsasaya; **Cont.** makakapagsaya/makapagsasaya
Causative	A₁F	**Inf.** magpasayá; **Perf.** nagpasaya; **Imperf.** nagpapasaya; **Cont.** magpapasaya
	A₂F	**Inf.** papagsayahín; **Perf.** pinapagsayá; **Imperf.** pinapapagsaya/ pinapagsasaya; **Cont.** papapagsayahin/papagsasayahin

SAYAW

ACT	OBJ	DIR	
-um-/mag-	i-/in-	-an	"dance" (with)

Indicative	AF	**Inf.** sumayáw; **Perf.** sumayaw; **Imperf.** sumasayaw; **Cont.** sasayaw
	or	
	AF	**Inf.** magsayáw; **Perf.** nagsayaw; **Imperf.** nagsasayaw; **Cont.** magsasayaw; **Rec. Perf.** kasásayaw

	OF	**Inf.** isayáw; **Perf.** isinayaw; **Imperf.** isinasayaw; **Cont.** isasayaw
	or	
	OF	**Inf.** sayawín; **Perf.** sinayáw; **Imperf.** sinasayaw; **Cont.** sasayawin
	DF	**Inf.** sayawán; **Perf.** sinayawan; **Imperf.** sinasayawan; **Cont.** sasayawan
Aptative	AF	**Inf.** maka(pag)sayáw; **Perf.** naka(pag)sayaw; **Imperf.** nakaka(pag)sayaw/naka(pag)sasayaw; **Cont.** makaka(pag)sayaw/maka(pag)sasayaw
	OF	**Inf.** ma(i)sayáw; **Perf.** na(i)sayaw; **Imperf.** na(i)sasayaw; **Cont.** ma(i)sasayaw
	DF	**Inf.** masayawán; **Perf.** nasayawan; **Imperf.** nasasayawan; **Cont.** masasayawan
Causative	A_1f	**Inf.** magpasayáw; **Perf.** nagpasayaw; **Imperf.** nagpapasayaw; **Cont.** magpapasayaw
	A_2F	**Inf.** (pa)pagsayawín; **Perf.** pinapagsayáw/pinagsayáw; **Imperf.** pinapapagsayaw/pinapagsasayaw/pinagsasayaw; **Cont.** papapagsayawin/papagsasayawin/pagsasayawin
	OF	**Inf.** ipasayáw; **Perf.** ipinasayaw;

          Imperf. ipinapasayaw/ipinasasayaw;
          Cont. ipapasayaw/ipasasayaw

    DF **Inf.** pasayawán; **Perf.** pinasayawan;
          Imperf. pinapasayawan/pinasasayawan; **Cont.** papasayawan/pasasayawan

SIGAW

	ACT	DIR	
	-um-	-an	"shout"

Indicative AF **Inf.** sumigáw; **Perf.** sumigaw; **Imperf.** sumisigaw; **Cont.** sisigaw; **Rec. Perf.** kasísigaw

          DF **Inf.** sigawán; **Perf.** sinigawan; **Imperf.** sinisigawan; **Cont.** sisigawan

Aptative   AF **Inf.** makasigáw; **Perf.** nakasigaw; **Imperf.** nakakasigaw/nakasisigaw; **Cont.** makakasigaw/makasisigaw

          DF **Inf.** masigawán; **Perf.** nasigawan; **Imperf.** nasisigawan; **Cont.** masisigawan

Causative A_1F **Inf.** magpasigáw; **Perf.** nagpasigaw; **Imperf.** nagpapasigaw; **Cont.** magpapasigaw

          A_2F **Inf.** pasigawin; **Perf.** pinasigáw; **Imperf.** pinapasigaw/pinasisigaw; **Cont.** papasigawin/pasisigawin

	DF	**Inf.** pasigawân; **Perf.** pinasigawan; **Imperf.** pinapasigawan/pinasisigawan; **Cont.** papasigawan/pasisigawan
Involuntary	AF	**Inf.** mâpasigaw; **Perf.** napasigaw; **Imperf.** napapasigaw; **Cont.** mapapasigaw
Reciprocal	AF	(pl.) **Inf.** magsigáwan; **Perf.** nagsigawan; **Imperf.** nagsisigawan; **Cont.** magsisigawan

SIKAP

ACT	OBJ	DIR	
mag-	-in	pag- -an	"strive"

Indicative	AF	**Inf.** magsíkap; **Perf.** nagsikap; **Imperf.** nagsisikap; **Cont.** magsisikap; **Rec. Perf.** kasisíkap
	OF	**Inf.** sikápin; **Perf.** sinikap; **Imperf.** sinisikap; **Cont.** sisikapin
	DF	**Inf.** pagsikápan; **Perf.** pinagsikapan; **Imperf.** pinapagsikapan/pinagsisikapan; **Cont.** papagsikapan/pagsisikapan
Aptative	AF	**Inf.** makapagsíkap; **Perf.** nakapagsikap; **Imperf.** nakakapagsikap/nakapagsisikap; **Cont.** makakapagsikap/makapagsisikap

	OF	**Inf.** masíkap; **Perf.** nasikap; **Imperf.** nasisikap; **Cont.** masisikap
	DF	**Inf.** mapagsikápan; **Perf.** napagsikapan; **Imperf.** napapagsikapan/ napagsisikapan; **Cont.** mapapagsikapan/mapagsisikapan
Intensive	AF	**Inf.** magsumíkap; **Perf.** nagsumikap; **Imperf.** nagsusumikap; **Cont.** magsusumikap

SIRA'

	ACT	OBJ	DIR	
	-um-	-in	-an	"destroy, damage"

Indicative	OF	**Inf.** siráin; **Perf.** siníra'; **Imperf.** sinisira'; **Cont.** sisirain; **Rec. Perf.** kasisira'
	DF	**Inf.** siráan; **Perf.** siniraan; **Imperf.** sinisiraan; **Cont.** sisiraan
Aptative	AF	**Inf.** makasira'; **Perf.** nakasira'; **Imperf.** nakakasira'/nakasisira'; **Cont.** makakasira'/makasisira'

	OF	**Inf.** masira'; **Perf.** nasira'; **Imperf.** nasisira'; **Cont.** masisira'
	DF	**Inf.** masiráan; **Perf.** nasiraan; **Imperf.** nasisiraan; **Cont.** masisiraan
Causative	A_1F	**Inf.** magpasira'; **Perf.** nagpasira'; **Imperf.** nagpapasira'; **Cont.** magpapasira'
	A_2F	**Inf.** pasiráin; **Perf.** pinasira'; **Imperf.** pinapasira'/pinasisira'; **Cont.** papasirain/pasisirain
	OF	**Inf.** ipasira'; **Perf.** ipinasira'; **Imperf.** ipinapasira'/ipinasisira'; **Cont.** ipapasira'/ipasisira'
	OF	**Inf.** pasiráan; **Perf.** pinasiraan; **Imperf.** pinapasiraan/pinasisiraan; **Cont.** papasiraan/pasisiraan
Distributive	AF	**Inf.** manira'; **Perf.** nanira'; **Imperf.** naninira'; **Cont.** maninira'
Aptative-Distributive	AF	**Inf.** makapanira'; **Perf.** nakapanira'; **Imperf.** nakakapanira'/nakapaninira'; **Cont.** makakapanira'/makapaninira'
Reciprocal	AF	(pl.) **Inf.** magsiraán; **Perf.** nagsiraan; **Imperf.** nagsisiraan; **Cont.** magsisiraan

	OBJ	DIR	
	ma-	ma- -an	"become damaged, destroyed"

Indicative OF **Inf.** masíra'; **Perf.** nasira'; **Imperf.** nasisira'; **Cont.** masisira'; **Rec. Perf.** kasisíra'

DF **Inf.** masiráan; **Perf.** nasiraan; **Imperf.** nasisiraan; **Cont.** masisiraan

			SUGAL
	ACT	INS	
	mag-	i-/ipang-	"gamble"

Indicative AF **Inf.** magsugál; **Perf.** nagsugal; **Imperf.** nagsusugal; **Cont.** magsusugal; **Rec. Perf.** kasúsugal

IF **Inf.** isugál; **Perf.** isinugal; **Imperf.** isinusugal; **Cont.** isusugal

or

IF **Inf.** ipangsugál; **Perf.** ipinangsugal; **Imperf.** ipinapangsugal/ipinangsusugal; **Cont.** ipapangsugal/ipangsusugal

Aptative AF **Inf.** makapagsugál; **Perf.** nakapagsugal; **Imperf.** nakakapagsugal/

		nakapagsusugal; **Cont.** makakapagsugal/makapagsusugal
	OF	**Inf.** sugalín; **Perf.** sinugál; **Imperf.** sinusugal; **Cont.** susugalin
	IF	**Inf.** maisugál; **Perf.** naisugal; **Imperf.** naisusugal; **Cont.** maisusugal
	or	
	IF	**Inf.** maipangsugál; **Perf.** naipangsugal; **Imperf.** naipapangsugal/naipangsusugal; **Cont.** maipapangsugal/maipangsusugal
Causative	A_1F	**Inf.** magpasugál; **Perf.** nagpasugal; **Imperf.** nagpapasugal; **Cont.** magpapasugal
	A_2F	**Inf.** (pa)pagsugalín; **Perf.** pinapagsugál/pinagsugál; **Imperf.** pinapapagsugal/pinapagsusugal/pinagsusugal; **Cont.** papapagsugalin/papagsusugalin/pagsusugalin
	IF	**Inf.** ipapangsugál; **Perf.** ipinapangsugal; **Imperf.** ipinapapangsugal/ipinapangsusugal; **Cont.** ipapapangsugal/ipapangsusugal

SUKAT

		ACT	OBJ	DIR	
		-um-	-in	-an	"measure"

Indicative
- AF **Inf.** sumúkat; **Perf.** sumukat; **Imperf.** sumusukat; **Cont.** susukat; **Rec. Perf.** kasusúkat
- OF **Inf.** sukátin; **Perf.** sinúkat; **Imperf.** sinusukat; **Cont.** susukatin
- DF **Inf.** sukátan; **Perf.** sinukatan; **Imperf.** sinusukatan; **Cont.** susukatan

Aptative
- AF **Inf.** makasúkat; **Perf.** nakasukat; **Imperf.** nakakasukat/nakasusukat; **Cont.** makakasukat/makasusukat
- OF **Inf.** masúkat; **Perf.** nasukat; **Imperf.** nasusukat; **Cont.** masusukat
- DF **Inf.** masukátan; **Perf.** nasukatan; **Imperf.** nasusukatan; **Cont.** masusukatan

Causative
- A_1F **Inf.** magpasúkat; **Perf.** nagpasukat; **Imperf.** nagpapasukat; **Cont.** magpapasukat
- A_2F **Inf.** pasukátin; **Perf.** pinasúkat; **Imperf.** pinapasukat/pinasusukat; **Cont.** papasukatin/pasusukatin
- OF **Inf.** ipasúkat; **Perf.** ipinasukat;

                Imperf. ipinapasukat/ipinasusukat;
                Cont. ipapasukat/ipasusukat

      DF   **Inf.** pasukátan; **Perf.** pinasukatan;
                Imperf. pinapasukatan/pinasusukatan; **Cont.** papasukatan/pasusukatan

	ACT	OBJ	
	mag-	i-	"try the fit of (a dress)"

Indicative   AF   **Inf.** magsúkat; **Perf.** nagsukat; **Imperf.** nagsusukat; **Cont.** magsusukat; **Rec. Perf.** kasusúkat

                OF   **Inf.** isúkat; **Perf.** isinukat; **Imperf.** isinusukat; **Cont.** isusukat

Aptative   AF   **Inf.** makapagsúkat; **Perf.** nakapagsukat; **Imperf.** nakakapagsukat/nakapagsusukat; **Cont.** makakapagsukat/makapagsusukat

                OF   **Inf.** maisúkat; **Perf.** naisukat; **Imperf.** naisusukat; **Cont.** maisusukat

Causative A_1F **Inf.** magpasúkat; **Perf.** nagpasukat; **Imperf.** nagpapasukat; **Cont.** magpapasukat

                A_2F **Inf.** (pa)pagsukátin; **Perf.** pinapagsúkat/pinagsúkat; **Imperf.** pinapapagsukat/pinapagsusukat/ pinagsusukat; **Cont.** papapagsukatin/papagsusukatin/pagsusukatin

OF **Inf.** ipasúkat; **Perf.** ipinasukat; **Imperf.** ipinapasukat/ipinasusukat; **Cont.** ipapasukat/ipasusukat

SULAT

		ACT	OBJ	DIR	
		-um-	-in/i-	-an	"write"
Indicative	AF	**Inf.** sumúlat; **Perf.** sumulat; **Imperf.** sumusulat; **Cont.** susulat; **Rec. Perf.** kasusúlat			
	OF	**Inf.** sulátin; **Perf.** sinúlat; **Imperf.** sinusulat; **Cont.** susulatin			
	or				
	OF	**Inf.** isúlat; **Perf.** isinulat; **Imperf.** isinusulat; **Cont.** isusulat			
	DF	**Inf.** sulátan; **Perf.** sinulatan; **Imperf.** sinusulatan; **Cont.** susulatan			
Aptative	AF	**Inf.** makasúlat; **Perf.** nakasulat; **Imperf.** nakakasulat/nakasusulat; **Cont.** makakasulat/makasusulat			
	OF	**Inf.** ma(i)súlat; **Perf.** na(i)sulat;			

		Imperf. na(i)susulat; **Cont.** ma(i)-susulat
	DF	**Inf.** masulátan; **Perf.** nasulatan; **Imperf.** nasusulatan; **Cont.** masusulatan
Causative	A₁F	**Inf.** magpasúlat; **Perf.** nagpasulat; **Imperf.** nagpapasulat; **Cont.** magpapasulat
	A₂F	**Inf.** pasulátin; **Perf.** pinasúlat; **Imperf.** pinapasulat/pinasusulat; **Cont.** papasulatin/pasusulatin
	OF	**Inf.** ipasúlat; **Perf.** ipinasulat; **Imperf.** ipinapasulat/ipinasusulat; **Cont.** ipapasulat/ipasusulat
	DF	**Inf.** pasulátan; **Perf.** pinasulatan; **Imperf.** pinapasulatan/pinasusulatan; **Cont.** papasulatan/pasusulatan
Intensive	AF	**Inf.** magsulát; **Perf.** nagsulat; **Imperf.** nagsusulat; **Cont.** magsusulat

   SUNOD

                          ACT   DIR
                          -um-   -in/-an   "follow, obey"

Indicative   AF   **Inf.** sumunód; **Perf.** sumunod;
                      Imperf. sumusunod; **Cont.** susunod;
                      Rec. Perf. kasúsunod
                DF   **Inf.** sundín; **Perf.** sinunód;
                      Imperf. sinusunod; **Cont.** susundin
                DF   **Inf.** sundán; **Perf.** sinundan;
                      Imperf. sinusundan; **Cont.** susundan

Aptative   AF   **Inf.** makasunód; **Perf.** nakasunod;
                      Imperf. nakakasunod/nakasusunod;
                      Cont. makakasunod/makasusunod
                DF   **Inf.** masunód; **Perf.** nasunod;
                      Imperf. nasusunod; **Cont.** masusunod
                DF   **Inf.** masundán; **Perf.** nasundan;
                      Imperf. nasusundan; **Cont.** masusundan

Causative A_1F **Inf.** magpasunód; **Perf.** nagpasunod;
                      Imperf. nagpapasunod; **Cont.** magpapasunod
                A_2F **Inf.** pasundín; **Perf.** pinasunód;
                      Imperf. pinapasunod/pinasusunod;
                      Cont. papasundin/pasusundin
                DF   **Inf.** ipasunód; **Perf.** ipinasunod;
                      Imperf. ipinapasunod/ipinasusunod;
                      Cont. ipapasunod/ipasusunod

	DF	**Inf.** pasundán; **Perf.** pinasundan; **Imperf.** pinapasundan/pinasusundan; **Cont.** papasundan/pasusundan

SUNOG

	ACT	OBJ
	(-um-)/mag-	-in "burn"
Indicative	AF	**Inf.** magsúnog; **Perf.** nagsunog; **Imperf.** nagsusunog; **Cont.** magsusunog; **Rec. Perf.** kasusúnog
	OF	**Inf.** sunúgin; **Perf.** sinúnog; **Imperf.** sinusunog; **Cont.** susunugin
Aptative	AF	**Inf.** makapagsúnog; **Perf.** nakapagsunog; **Imperf.** nakakapagsunog/nakapagsusunog; **Cont.** makakapagsunog/makapagsusunog
	OF	**Inf.** masúnog; **Perf.** nasunog; **Imperf.** nasusunog; **Cont.** masusunog
Causative	A_1F	**Inf.** magpasúnog; **Perf.** nagpasunog; **Imperf.** nagpapasunog; **Cont.** magpapasunog
	A_2F	**Inf.** (pa)pagsunúgin; **Perf.** pinapagsúnog/pinagsúnog; **Imperf.** pinapapagsunog/pinapagsusunog/pinagsusunog; **Cont.** papapagsunugin/papagsusunugin/pagsusunugin

	OF	**Inf.** ipasúnog; **Perf.** ipinasunog; **Imperf.** ipinapasunog/ipinasusunog; **Cont.** ipapasunog/ipasusunog
Aptative-Causative	OF	**Inf.** maipasúnog; **Perf.** naipasunog; **Imperf.** naipapasunog/naipasusunog; **Imperf.** maipapasunog/maipasusunog

OBJ
ma-   "become burned"

Indicative	OF	**Inf.** masúnog; **Perf.** nasunog; **Imperf.** nasusunog; **Cont.** masusunog

DIR
ma- -an   "be a fire victim"

Indicative	DF	**Inf.** masunúgan; **Perf.** nasunugan; **Imperf.** nasusunugan; **Cont.** masusunugan

   SUOT

                    ACT   OBJ
                    mag-   i-   "wear"

Indicative   AF   **Inf.** magsuót; **Perf.** nagsuot;
                    Imperf. nagsusuot; **Cont.** magsu-
                    suot; **Rec. Perf.** kasusuót
              OF   **Inf.** isuót; **Perf.** isinuot; **Imperf.**
                    isinusuot; **Cont.** isusuot
Aptative   OF   **Inf.** maisuót; **Perf.** naisuot;
                    Imperf. naisusuot; **Cont.** maisusuot
Causative A_1F **Inf.** magpasuót; **Perf.** nagpa-
                    suot; **Imperf.** nagpapasuot; **Cont.**
                    magpapasuot
              A_2F **Inf.** (pa)pagsuutin; **Perf.** pinapag-
                    suót/pinagsuót; **Imperf.** pinapa-
                    pagsuot/pinapagsusuot/pinagsu-
                    suot; **Cont.** papapagsuutin/papag-
                    susuutin/pagsusuutin
              OF   **Inf.** ipasuót; **Perf.** ipinasuot;
                    Imperf. ipinapasuot/ipinasusuot;
                    Cont. ipapasuot/ipasusuot

			DIR	
			-an	"dress X"

Indicative   DF   **Inf.** suután; **Perf.** sinuutan; **Imperf.** sinusuutan; **Cont.** susuutan

Aptative   DF   **Inf.** masuután; **Perf.** nasuutan; **Imperf.** nasusuutan; **Cont.** masusuutan

Causative   DF   **Inf.** pasuután; **Perf.** pinasuutan; **Imperf.** pinapasuutan/pinasusuutan; **Cont.** papasuutan/pasusuutan

	ACT	OBJ	DIR	
	-um-/mag-	-in	-an	"get or enter into"

Indicative   AF   **Inf.** sumuót; **Perf.** sumuot; **Imperf.** sumusuot; **Cont.** susuot

               or

               AF   **Inf.** magsuót; **Perf.** nagsuot; **Imperf.** nagsusuot; **Cont.** magsusuot; **Rec. Perf.** kasúsuot

               OF   **Inf.** suutín; **Perf.** sinuót; **Imperf.** sinusuot; **Cont.** susuutin

               DF   **Inf.** suután; **Perf.** sinuutan; **Imperf.** sinusuutan; **Cont.** susuutan

Aptative   AF   **Inf.** maka(pag)suót; **Perf.** naka-

		(pag)suot; **Imperf.** nakaka(pag)-suot/naka(pag)susuot; **Cont.** makaka(pag)suot/maka(pag)susuot
	OF	**Inf.** masuót; **Perf.** nasuot; **Imperf.** nasusuot; **Cont.** masusuot
	DF	**Inf.** masuután; **Perf.** nasuutan; **Imperf.** nasusuutan; **Cont.** masusuutan
Causative	A$_1$F	**Inf.** magpasuót; **Perf.** nagpasuot; **Imperf.** nagpapasuot; **Cont.** magpapasuot
	A$_2$F	**Inf.** (pa)pagsuutín; **Perf.** pinapagsuót/pinagsuót; **Imperf.** pinapapagsuot/pinapagsusuot/pinagsusuot; **Cont.** papapagsuutin/papagsuutin/pagsusuutin
	OF	**Inf.** ipasuót; **Perf.** ipinasuot; **Imperf.** ipinapasuot/ipinasusuot; **Cont.** ipapasuot/ipasusuot
	DF	**Inf.** pasuután; **Perf.** pinasuutan; **Imperf.** pinapasuutan/pinasusuutan; **Cont.** papasuutan/pasusuutan

                                           TAGO'
                ACT   DIR
                mag-   -an   "hide"
                                      (to hide one's self)

Indicative   AF   **Inf.** magtágo'; **Perf.** nagtago';
                      Imperf. nagtatago'; **Cont.** magta-
                      tago'; **Rec. Perf.** katatágo'
                DF   **Inf.** tagúan; **Perf.** tinaguan;
                      Imperf. tinataguan; **Cont.** tataguan
Aptative   AF   **Inf.** makapagtágo'; **Perf.** nakapag-
                      tago'; **Imperf.** nakakapagtago'/
                      nakapagtatago'; **Cont.** makakapag-
                      tago'/makapagtatago'
                DF   **Inf.** mapagtagúan; **Perf.** napagta-
                      guan; **Imperf.** napagtataguan; **Cont.**
                      mapagtataguan
Causative   A₁F   **Inf.** magpatágo'; **Perf.** nagpatago';
                      Imperf. nagpapatago'; **Cont.** magpa-
                      patago'
                A₂F   **Inf.** (pa)(pag)tagúin; **Perf.** pina-
                      pagtágo'/pinagtágo'/pinatágo';
                      Imperf. pinapapagtago'/pinapagta-
                      tago'/pinagtatago'/pinapapatago'/
                      pinatatago'; **Cont.** papapagtaguin/
                      papagtataguin/pagtataguin/papapa-
                      taguin/papataguin

DF	Inf. **(pa)pagtagúan;** **Perf.** pinapagtaguan/pinagtaguan; **Imperf.** pinapapagtaguan/pinapagtataguan/pinagtataguan; **Cont.** papapagtaguan/papagtataguan/pagtataguan	

	ACT	OBJ	LOC	
	mag-	i-	-an	"hide"
				(to hide something)

Indicative AF **Inf.** magtágo'; **Perf.** nagtago'; **Imperf.** nagtatago'; **Cont.** magtatago'; **Rec. Perf.** katatágo'

OF **Inf.** itágo'; **Perf.** itinago'; **Imperf.** itinatago'; **Cont.** itatago'

LF **Inf.** (pag)tagúan; **Perf.** pinagtaguan/tinaguan; **Imperf.** pinagtataguan/tinataguan; **Cont.** pagtataguan/tataguan

Aptative AF **Inf.** makapagtágo'; **Perf.** nakapagtago'; **Imperf.** nakakapagtago'/nakapagtatago'; **Cont.** makakapagtago'/makapagtatago'

OF **Inf.** maitágo'; **Perf.** naitago'; **Imperf.** naitatago'; **Cont.** maitatago'

	LF	**Inf.** mapagtagúan; **Perf.** napagtaguan; **Imperf.** napagtataguan; **Cont.** mapagtataguan
Causative	A_1F	**Inf.** magpatágo'; **Perf.** nagpatago'; **Imperf.** nagpapatago'; **Cont.** magpapatago'
	A_2F	**Inf.** (pa)pagtagúin; **Perf.** pinapagtágo'/pinagtágo'; **Imperf.** pinapapagtago'/pinapagtatago'/pinagtatago'; **Cont.** papapagtaguin/papagtataguin/pagtataguin
	OF	**Inf.** ipatágo'; **Perf.** ipinatago'; **Imperf.** ipinapatago'/ipinatatago'; **Cont.** ipapatago'/ipatatago'
	LF	**Inf.** (pa)pagtagúan; **Perf.** pinapagtaguan/pinagtaguan; **Imperf.** pinapapagtaguan/pinapagtataguan/pinagtataguan; **Cont.** papapagtaguan/papagtataguan/pagtataguan

                                          TAHI'
                ACT   OBJ   BEN
                -um-   -in   i-   "sew"

Indicative   AF   **Inf.** tumahí'; **Perf.** tumahi';
                      Imperf. tumatahi'; **Cont.** tatahi';
                      Rec. Perf. katatahí'
                OF   **Inf.** tahiín; **Perf.** tinahí';
                      Imperf. tinatahi'; **Cont.** tatahiin
                BF   **Inf.** itahí'; **Perf.** itinahi';
                      Imperf. itinatahi'; **Cont.** itatahi'

Aptative   AF   **Inf.** makatahí'; **Perf.** nakatahi';
                      Imperf. nakakatahi'/nakatatahi';
                      Cont. makakatahi'/makatatahi'
                OF   **Inf.** matahí'; **Perf.** natahi';
                      Imperf. natatahi'; **Cont.** matatahi'
                BF   **Inf.** maitahí'; **Perf.** naitahi';
                      Imperf. naitatahi'; **Cont.** maita-
                      tahi'

Causative A_1F **Inf.** magpatahí'; **Perf.** nagpatahi';
                      Imperf. nagpapatahi'; **Cont.** mag-
                      papatahi'
                A_2F **Inf.** patahiín; **Perf.** pinatahí';
                      Imperf. pinapatahi'/pinatatahi';
                      Cont. papatahiin/patatahiin
                OF   **Inf.** ipatahí'; **Perf.** ipinatahi';
                      Imperf. ipinapatahi'/ipinatatahi';
                      Cont. ipapatahi'/ipatatahi'

	BF	**Inf.** ipagpatahí'; **Perf.** ipinagpatahi'; **Imperf.** ipinagpapatahi'; **Cont.** ipagpapatahi
Distributive	AF	**Inf.** manahí'; **Perf.** nanahi'; **Imperf.** nananahi'; **Cont.** mananahi'
Aptative-Distributive	AF	**Inf.** makapanahí'; **Perf.** nakapanahi'; **Imperf.** nakakapanahi'/nakapananahi'; **Cont.** makakapanahi'/makapananahi'
	BF	**Inf.** maipanahí'; **Perf.** naipanahi'; **Imperf.** naipapanahi'/naipananahi'; **Cont.** maipapanahi'/maipananahi'
Causative-Distributive	A_1F	**Inf.** papanahiín; **Perf.** pinapanahí'; **Imperf.** pinapapanahi'/pinapananahi'; **Cont.** papapanahiin/papananahiin

                                                            TAKBO

	ACT	DIR	
	-um-	-in	"run"

| Indicative | AF | **Inf.** tumakbó; **Perf.** tumakbo; **Imperf.** tumatakbo; **Cont.** tatakbo; **Rec. Perf** katátakbo |
| | DF | **Inf.** takbuhín; **Perf.** tinakbó; **Imperf.** tinatakbo; **Cont.** tatakbuhin |

249

Aptative		AF	**Inf.** makatakbó; **Perf.** nakatakbo; **Imperf.** nakakatakbo/nakatatakbo; **Cont.** makakatakbo/makatatakbo
		DF	**Inf.** matakbó; **Perf.** natakbo; **Imperf.** natatakbo; **Cont.** matatakbo
Causative		A_1F	**Inf.** magpatakbó; **Perf.** nagpatakbo; **Imperf.** nagpapatakbo; **Cont.** magpapatakbo
		A_2F	**Inf.** patakbuhín; **Perf.** pinatakbó; **Imperf.** pinapatakbo/pinatatakbo; **Cont.** papatakbuhin/patatakbuhin

                          DIR

                          -an   "run away from"

Indicative		DF	**Inf.** takbuhán; **Perf.** tinakbuhan; **Imperf.** tinatakbuhan; **Cont.** tatakbuhan
Aptative		DF	**Inf.** matakbuhán; **Perf.** natakbuhan; **Imperf.** natatakbuhan; **Cont.** matatakbuhan

                          DIR

                          -an   "run to for help"

Indicative		DF	**Inf.** takbuhán; **Perf.** tinakbuhan; **Imperf.** tinatakbuhan; **Cont.** tatakbuhan

Aptative		DF	**Inf.** matakbuhán; **Perf.** natakbuhan; **Imperf.** natatakbuhan; **Cont.** matatakbuhan

		TAKIP
ACT	OBJ	
mag-	-an	"cover"

Indicative	AF		**Inf.** magtakip; **Perf.** nagtakip; **Imperf.** nagtatakip; **Cont.** magtatakip; **Rec. Perf.** katátakip
	OF		**Inf.** takpán; **Perf.** tinakpan; **Imperf.** tinatakpan; **Cont.** tatakpan
Aptative	AF		**Inf.** makapagtakíp; **Perf.** nakapagtakip; **Imperf.** nakakapagtakip/nakapagtatakip; **Cont.** makakapagtakip/makapagtatakip
	OF		**Inf.** matakpán; **Perf.** natakpan; **Imperf.** natatakpan; **Cont.** matatakpan
Causative	A_1F		**Inf.** magpatakíp; **Perf.** nagpatakip; **Imperf.** nagpapatakip; **Cont.** magpapatakip
	A_2F		**Inf.** (pa)pagtakipín; **Perf.** pinapagtakíp/pinagtakíp; **Imperf.** pinapapagtakip/pinapagtatakip/pinagtatakip; **Cont.** papapagtakipin/papagtatakipin/pagtatakipin

	OF	**Inf.** papagtakpán; **Perf.** pinapagtakpan; **Imperf.** pinapapagtakpan/pinapagtatakpan; **Cont.** papapagtakpan/papagtatakpan
	or	
	OF	**Inf.** ipatakip; **Perf.** ipinatakip; **Imperf.** ipinapatakip/ipinatatakip; **Cont.** ipapatakip/ipatatakip

		ACT	DIR	
		mag-	pag- -an	"cover up"
Indicative	DF	**Inf.** pagtakpán; **Perf.** pinagtakpan; **Perf.** pinapagtakpan/pinagtatakpan; **Cont.** papagtakpan/pagtatakpan		
Aptative	DF	**Inf.** mapagtakpán; **Perf.** napagtakpan; **Imperf.** napapagtakpan/napagtatakpan; **Cont.** mapapagtakpan/mapagtatakpan		
Causative	DF	**Inf.** papagtakpán; **Perf.** pinapagtakpan; **Imperf.** pinapapagtakpan/pinapagtatakpan; **Cont.** papapagtakpan/papagtatakpan		

                                    TAKOT
                ACT   DIR   REA
                ma-   ka- -an   ika-   "be afraid"

Indicative   AF   **Inf.** matákot; **Perf.** natakot;
                      Imperf. natatakot; **Cont.** matatakot
                DF   **Inf.** katakútan; **Perf.** kinatakutan;
                      Imperf. kinakatakutan/kinatataku-
                      tan; **Cont.** kakatakutan/katatakutan
                RF   **Inf.** ikatákot; **Perf.** ikinatakot;
                      Imperf. ikinakatakot/ikinatatakot;
                      Cont. ikakatakot/ikatatakot

                ACT   OBJ
                (-um-)   -in   "frighten"

Indicative   OF   **Inf.** takútin; **Perf.** tinákot;
                      Imperf. tinatakot; **Cont.** tatakutin

                                      TALO
                ACT_u
                ma-   "be defeated"

Indicative   AF   **Inf.** matálo; **Perf.** natalo; **Imperf.**
                      natatalo; **Cont.** matatalo

		ACT (-um-)	DIR -in	"defeat X"
Indicative	DF	**Inf.** talúnin; **Perf.** tinálo; **Imperf.** tinatalo; **Cont.** tatalunin; **Rec. Perf.** katatálo		
Aptative	DF	**Inf.** matálo; **Perf.** natalo; **Imperf.** natatalo; **Cont.** matatalo		
Causative	A₁F	**Inf.** magpatálo; **Perf.** nagpatalo; **Imperf.** nagpapatalo; **Cont.** magpapatalo		
	OF	**Inf.** ipatálo; **Perf.** ipinatalo; **Imperf.** ipinapatalo/ipinatatalo; **Cont.** ipapatalo/ipatatalo		

TALON

		ACT -um-	LOC -an	"jump"
Indicative	AF	**Inf.** tumalón; **Perf.** tumalon; **Imperf.** tumatalon; **Cont.** tatalon; **Rec. Perf.** katátalon		
	LF	**Inf.** talunán; **Perf.** tinalunan; **Imperf.** tinatalunan; **Cont.** tatalunan		
Aptative	AF	**Inf.** makatalón; **Perf.** nakatalon; **Imperf.** nakakatalon/nakatatalon; **Cont.** makakatalon/makatatalon		

Causative	LF	**Inf.** matalón; **Perf.** natalon; **Imperf.** natatalon; **Cont.** matatalon
	A₁F	**Inf.** magpatalón; **Perf.** nagpatalon; **Imperf.** nagpapatalon; **Cont.** magpapatalon
	A₂F	**Inf.** patalunín; **Perf.** pinatalón; **Imperf.** pinapatalon/pinatatalon; **Cont.** papatalunin/patatalunin
	LF	**Inf.** ipatalón; **Perf.** ipinatalon; **Imperf.** ipinapatalon/ipinatatalon; **Cont.** ipapatalon/ipatatalon

TANIM

	ACT	OBJ	LOC	
	mag-	i-	-an	"plant"

Indicative	AF	**Inf.** magtaním; **Perf.** nagtanim; **Imperf.** nagtatanim; **Cont.** magtatanim; **Rec. Perf.** katátanim
	OF	**Inf.** itaním; **Perf.** itinanim; **Imperf.** itinatanim; **Cont.** itatanim
	LF	**Inf.** tanimán/tamnán; **Perf.** tinaniman/tinamnan; **Imperf.** tinataniman/tinatamnan; **Cont.** tataniman/tatamnan

Aptative	AF	**Inf.** makapagtaním; **Perf.** nakapagtanim; **Imperf.** nakakapagtanim/nakapagtatanim; **Cont.** makakapagtanim/makapagtatanim
	OF	**Inf.** ma(i)tanim; **Perf.** na(i)tanim; **Imperf.** na(i)tatanim; **Cont.** ma(i)tatanim
	LF	**Inf.** matanimán/matamnán; **Perf.** nataniman/natamnan; **Imperf.** natataniman/natatamnan; **Cont.** matataniman/matatamnan
Causative	A₁F	**Inf.** magpataním; **Perf.** nagpatanim; **Imperf.** nagpapatanim; **Cont.** magpapatanim
	A₂F	**Inf.** (pa)pagtanimín; **Perf.** pinapagtaním/pinagtaním; **Imperf.** pinapapagtanim/pinapagtatanim/pinagtatanim; **Cont.** papapagtanimin/papagtatanimin/pagtatanimin
	OF	**Inf.** ipataním; **Perf.** ipinatanim; **Imperf.** ipinapatanim/ipinatatanim; **Cont.** ipapatanim/ipatatanim
	LF	**Inf.** papagtanimán/papagtamnán; **Perf.** pinapagtaniman/pinapagtamnan; **Imperf.** pinapapagtaniman/pinapapagtamnan/pinapagtataniman/pinapagtatamnan; **Cont.** papapagta-

niman/papapagtamnan/papagtataniman/papagtatamnan

                                        TANGGAP

                ACT   OBJ

                -um-   -in   "receive, accept"

Indicative   AF   **Inf.** tumanggáp; **Perf.** tumanggap; **Imperf.** tumatanggap; **Cont.** tatanggap; **Rec. Perf.** katátanggap

                      OF   **Inf.** tanggapín; **Perf.** tinanggáp; **Imperf.** tinatanggap; **Cont.** tatanggapin

Aptative   AF   **Inf.** makatanggáp; **Perf.** nakatanggap; **Imperf.** nakakatanggap/nakatatanggap; **Cont.** makakatanggap/makatatanggap

                      OF   **Inf.** matanggáp; **Perf.** natanggap; **Imperf.** natatanggap; **Cont.** matatanggap

Causative A_1F **Inf.** magpatanggáp; **Perf.** nagpatanggap; **Imperf.** napapatanggap; **Cont.** magpapatanggap

                    A_2F **Inf.** patanggapín; **Perf.** pinatanggáp; **Imperf.** pinapatanggap/pinatatanggap; **Cont.** papatanggapin/patatanggapin

| | | OF | **Inf.** ipatanggáp; **Perf.** ipinatanggap; **Imperf.** ipinapatanggap/ipinatatanggap; **Cont.** ipapatanggap/ipatatanggap |

TANONG

		ACT	OBJ	DIR	
		mag-	i-	-in	"ask"

Indicative	AF	**Inf.** magtanóng; **Perf.** nagtanong; **Imperf.** nagtatanong; **Cont.** magtatanong; **Rec. Perf.** katátanong
	OF	**Inf.** itanóng; **Perf.** itinanong; **Imperf.** itinatanong; **Cont.** itatanong
	DF	**Inf.** tanungín; **Perf.** tinanóng; **Imperf.** tinatanong; **Cont.** tatanungin
Aptative	AF	**Inf.** makapagtanóng; **Perf.** nakapagtanong; **Imperf.** nakakapagtanong/nakapagtatanong; **Cont.** makakapagtanong/makapagtatanong
	OF	**Inf.** maitanóng; **Perf.** naitanong; **Imperf.** naitatanong; **Cont.** maitatanong

	DF	**Inf.** matanóng; **Perf.** natanong; **Imperf.** natatanong; **Cont.** matatanong
Causative	A₁F	**Inf.** magpatanóng; **Perf.** nagpatanong; **Imperf.** nagpapatanong; **Cont.** magpapatanong
	A₂F	**Inf.** (pa)pagtanungín; **Perf.** pinapagtanóng/pinagtanóng; **Imperf.** pinapapagtanong/pinapagtatanong/pinagtatanong; **Cont.** papapagtanungin/papagtatanungin/pagtatanungin
	OF	**Inf.** ipatanóng; **Perf.** ipinatanong; **Imperf.** ipinapatanong/ipinatatanong; **Cont.** ipapatanong/ipatatanong

TAPOS

ACT   OBJ

(-um-)   -in   "finish"

Indicative	OF	**Inf.** tapúsin; **Perf.** tinápos; **Imperf.** tinatapos; **Cont.** tatapusin; **Rec. Perf.** katatápos
Aptative	AF	**Inf.** makatápos; **Perf.** nakatapos; **Imperf.** nakakatapos/nakatatapos; **Cont.** makakatapos/makatatapos

Causative		OF	**Inf.** matápos; **Perf.** natapos; **Imperf.** natatapos; **Cont.** matatapos
	A_1F		**Inf.** magpatápos; **Perf.** nagpatapos; **Imperf.** nagpapatapos; **Cont.** magpapatapos
	A_2F		**Inf.** patapúsin; **Perf.** pinatápos; **Imperf.** pinapatapos/pinatatapos; **Cont.** papatapusin/patatapusin
		OF	**Inf.** ipatápos; **Perf.** ipinatapos; **Imperf.** ipinapatapos/ipinatatapos; **Cont.** ipapatapos/ipatatapos

ACT
mag   "graduate"

Indicative	AF	**Inf.** magtapós; nagtapos; **Imperf.** nagtatapos; **Cont.** magtatapos
Aptative	AF	**Inf.** makapagtapós; **Perf.** nakapagtapos; **Imperf.** nakakapagtapos/nakapagtatapos; **Cont.** makakapagtapos/makapagtatapos

                                                           TAWA

                ACT   DIR
                —um—   —an   "laugh, smile"

Indicative   AF   **Inf.** tumáwa; **Perf.** tumawa; **Imperf.**
                      tumatawa; **Cont.** tatawa; **Rec. Perf.**
                      katatáwa

                DF   **Inf.** tawánan; **Perf.** tinawanan;
                      Imperf. tinatawanan; **Cont.**
                      tatawanan

Aptative   AF   **Inf.** makatáwa; **Perf.** nakatawa;
                      Imperf. nakakatawa/nakatatawa;
                      Cont. makakatawa/makatatawa

                DF   **Inf.** matawánan; **Perf.** natawanan;
                      Imperf. natatawanan; **Cont.**
                      matatawanan

Causative A_1F **Inf.** magpatáwa'; **Perf.** nagpatawa;
                      Imperf. nagpapatawa; **Cont.**
                      magpapatawa

                A_2F **Inf.** patawánin; **Perf.** pinatáwa;
                      Imperf. pinapatawa/pinatatawa;
                      Cont. papatawanin/patatawanin

Aptative-   AF   **Inf.** makapagpatáwa; **Perf.** nakapag-
Causative   patawa; **Imperf.** nakakapagpatawa/
                      nakapagpapatawa; **Cont.** makakapag-
                      patawa/makapagpapatawa

Intensive	AF	**Inf.** magtawá; **Perf.** nagtawa; **Imperf.** nagtatawa; **Cont.** magtatawa
	DF	**Inf.** pagtawanán; **Perf.** pinagtawanan; **Imperf.** pinapagtawanan/ pinagtatawanan; **Cont.** papagtawanan/pagtatawanan
Accidental	AF	**Inf.** mátawa; **Perf.** natawa; **Imperf.** natatawa; **Cont.** matatawa
Involuntary	AF	**Inf.** mapatawá; **Perf.** napatawa; **Imperf.** napapatawa; **Cont.** mapapatawa

TAWAG

	ACT	OBJ	
	-um-	-in	"call"

Indicative	AF	**Inf.** tumáwag; **Perf.** tumawag; **Imperf.** tumatawag; **Cont.** tatawag; **Rec. Perf.** katatáwag
	DF	**Inf.** tawágan; **Perf.** tinawagan; **Imperf.** tinatawagan; **Cont.** tatawagan
	OF	**Inf.** makatáwag; **Perf.** nakatawag; **Imperf.** nakakatawag/nakatatawag; **Cont.** makakatawag/makatatawag
	OF	**Inf.** matáwag; **Perf.** natawag; **Imperf.** natatawag; **Cont.** matatawag
	DF	**Inf.** matawágan; **Perf.** natawagan;

		Imperf. natatawagan; **Cont.** matatawagan
Causative	A₁F	**Inf.** magpatáwag; **Perf.** nagpatawag; **Imperf.** nagpapatawag; **Cont.** magpapatawag
	A₂F	**Inf.** patawágin; **Perf.** pinatáwag; **Imperf.** pinapatawag/pinatatawag; **Cont.** papatawagin/patatawagin
	OF	**Inf.** ipatáwag; **Perf.** ipinatawag; **Imperf.** ipinapatawag/ipinatatawag; **Cont.** ipapatawag/ipatatawag
	DF	**Inf.** patawágan; **Perf.** pinatawagan; **Imperf.** pinapatawagan/pinatatawagan; **Cont.** papatawagan/patatawagan

TAWID

		ACT	DIR	
		-um-	-in	"cross (a street)"
Indicative	OF	**Inf.** tumawíd; **Perf.** tumawid; **Imperf.** tumatawid; **Cont.** tatawid; **Rec. Perf.** katátawid		
	DF	**Inf.** tawirín; **Perf.** tinawíd; **Imperf.** tinatawid; **Cont.** tatawirin		
Aptative	AF	**Inf.** makatawíd; **Perf.** nakatawid; **Imperf.** nakakatawid/nakatatawid; **Cont.** makakatawid/makatatawid		

Causative	DF	**Inf.** matawíd; **Perf.** natawid; **Imperf.** natatawid; **Cont.** matatawid
	A_1F	**Inf.** magpatawíd; **Perf.** nagpatawid; **Imperf.** nagpapatawid; **Cont.** magpapatawid
	A_2F	**Inf.** patawirín; **Perf.** pinatawid; **Imperf.** pinapatawid/pinatatawid; **Cont.** papatawirín/patatawirin
	DF	**Inf.** ipatawíd; **Perf.** ipinatawid; **Imperf.** ipinapatawid/ipinatatawid; **Cont.** ipapatawid/ipatatawid

	ACT	OBJ	
	mag-	i-	"cross" (transitive)

Indicative	AF	**Inf.** magtawíd; **Perf.** nagtawid; **Imperf.** nagtatawid; **Cont.** magtatawid
	OF	**Inf.** itawíd; **Perf.** itinawid; **Imperf.** itinatawid; **Cont.** itatawid; **Rec. Perf.** katátawid
Aptative	AF	**Inf.** makapagtawíd; **Perf.** nakapagtawid; **Imperf.** nakakapagtawid/nakapagtatawid; **Cont.** makakapagtawid/makapagtatawid
	OF	**Inf.** maitawíd; **Perf.** naitawid; **Imperf.** naitatawid; **Cont.** maitatawid

Causative	A_1F	**Inf.** magpatawíd; **Perf.** nagpatawid; **Imperf.** nagpapatawid; **Cont.** magpapatawid
	A_2F	**Inf.** (pa)pagtawirín; **Perf.** pinapagtawíd/pinagtawíd; **Imperf.** pinapapagtawid/pinapagtatawid/pinagtatawid; **Cont.** papapagtawirin/papagtatawirin/pagtatawirin
	OF	**Inf.** ipatawíd; **Perf.** ipinatawid; **Imperf.** ipinapatawid/ipinatatawid; **Cont.** ipapatawid/ipatatawid

TAYO'

ACT

    -um-   "stand up" (intransitive)

Indicative	AF	**Inf.** tumayó'; **Perf.** tumayo'; **Imperf.** tumatayo'; **Cont.** tatayo'; **Rec. Perf.** katátayo'
Aptative	AF	**Inf.** makatayó'; **Perf.** nakatayo'; **Imperf.** nakakatayo'/nakatatayo'; **Cont.** makakatayo'/makatatayo
Causative	A_2F	**Inf.** patayuín; **Perf.** pinatayó'; **Imperf.** pinapatayo'/pinatatayo'; **Cont.** papatayuin/patatayuin

	ACT	OBJ	DIR	
	mag-	i-	-an	"erect, build"

Indicative AF **Inf.** magtayó'; **Perf.** nagtayo'; **Imperf.** nagtatayo'; **Cont.** magtatayo'; **Rec. Perf.** katatayó'

OF **Inf.** itayó'; **Perf.** itinayo'; **Imperf.** itinatayo'; **Cont.** itatayo'

DF **Inf.** tayuán; **Perf.** tinayuan; **Imperf.** tinatayuan; **Cont.** tatayuan

Aptative AF **Inf.** makapagtayó'; **Perf.** nakapagtayo'; **Imperf.** nakakapagtayo'/nakapagtatayo'; **Cont.** makakapagtayo'/makapagtatayo'

OF **Inf.** maitayó'; **Perf.** naitayo'; **Imperf.** naitatayo'; **Cont.** maitatayo'

DF **Inf.** matayuán; **Perf.** natayuan; **Imperf.** natatayuan; **Cont.** matatayuan

Causative A_1F **Inf.** magpatayó'; **Perf.** nagpatayo'; **Imperf.** nagpapatayo'; **Cont.** magpapatayo'

A_2F **Inf.** (pa)pagtayuín; **Perf.** pinapagtayó'/pinagtayó'; **Imperf.** pinapapagtayo'/pinapagtatayo'/

		pinagtatayo; **Cont.** papapagtayuin/ papagtatayuin/pagtatayuin
	OF	**Inf.** ipatayó'; **Perf.** ipinatayo'; **Imperf.** ipinapatayo'/ipinatatayo'; **Cont.** ipapatayo'/ipatatayo'
	DF	**Inf.** patayuán; **Perf.** pinatayuan; **Imperf.** pinapatayuan/pinatatayuan; **Cont.** papatayuan/patatayuan
Aptative-Causative	AF	**Inf.** makapagpatayó'; **Perf.** nakapagpatayo'; **Imperf.** nakakapagpatayo'/nakapagpapatayo'; **Cont.** makakapagpatayo'/makapagpapatayo'

TIGIL

ACT

-um-   "stop" (intransitive)

Indicative	AF	**Inf.** tumigíl; **Perf.** tumigil; **Imperf.** tumitigil; **Cont.** titigil; **Rec. Perf.** katitigil
Aptative	AF	**Inf.** makatígil **Perf.** nakatigil; **Imperf.** nakakatigil/nakatitigil; **Cont.** makakatigil/makatitigil
Involuntary	AF	**Inf.** mapatígil; **Perf.** napatigil; **Imperf.** napapatigil; **Cont.** mapapatigil

		ACT	OBJ	DIR	
		(-um-)/mag-	i-	-an	"stop"
					(transitive)

Indicative   AF   **Inf.** magtigil; **Perf.** nagtigil; **Imperf.** nagtitigil; **Cont.** magtitigil

                 OF   **Inf.** itigil; **Perf.** itinigil; **Imperf.** itinitigil; **Cont.** ititigil; **Rec. Perf.** katitigil

                 DF   **Inf.** tigilan; **Perf.** tinigilan; **Imperf.** tinitigilan; **Cont.** titigilan

Aptative   AF   **Inf.** makapagtigil; **Perf.** nakapagtigil; **Imperf.** nakakapagtigil/ nakapagtitigil; **Cont.** makakapagtigil/makapagtitigil

                 OF   **Inf.** maitigil; **Perf.** naitigil; **Imperf.** naititigil; **Cont.** maititigil

                 DF   **Inf.** matigilan; **Perf.** natigilan; **Imperf.** natitigilan; **Cont.** matitigilan

Causative A_1F **Inf.** magpatigil; **Perf.** nagpatigil; **Imperf.** nagpapatigil; **Cont.** magpapatigil

                A_2F **Inf.** patigilin; **Perf.** pinatigil;

		Imperf. pinapatigil/pinatitigil;
		Cont. papatigilin/patitigilin
	OF	**Inf.** ipatígil; **Perf.** ipinatigil;
		Imperf. ipinapatigil/ipinatitigil;
		Cont. ipapatigil/ipatitigil
	DF	**Inf.** patigilan; **Perf.** pinatigilan;
		Imperf. pinapatigilan/pinatitigi-lan; **Cont.** papatigilan/patitigilan

TIKIM

		ACT	OBJ	
		-um-	-an	"taste"

Indicative	AF	**Inf.** tumikím; **Perf.** tumikim; **Imperf.** tumitikim; **Cont.** titikim; **Rec. Perf.** katítikim	
	OF	**Inf.** tikmán; **Perf.** tinikman; **Imperf.** tinitikman; **Cont.** titikman	
Aptative	AF	**Inf.** makatikím; **Perf.** nakatikim; **Imperf.** nakakatikim/nakatitikim; **Cont.** makakatikim/makatitikim	
	OF	**Inf.** matikmán; **Perf.** natikman; **Imperf.** natitikman; **Cont.** matitikman	
Causative	A_1F	**Inf.** magpatikím; **Perf.** nagpatikim; **Imperf.** nagpapatikim; **Cont.** magpapatikim	

                A_2F **Inf.** patikimín; **Perf.** pinatikím;
                      Imperf. pinapatikim/pinatitikim;
                      Cont. papatikimin/patitikimin

                OF   **Inf.** ipatikím; **Perf.** ipinatikim;
                      Imperf. ipinapatikim/ipinatitikim;
                      Cont. ipapatikim/ipatitikim

                DF   **Inf.** patikmán; **Perf.** pinatikman;
                      Imperf. pinapatikman/pinatitikman;
                      Cont. papatikman/patitikman

                                            TINDA

                    ACT   OBJ
                    mag-   i-   "sell"

Indicative   AF   **Inf.** magtindá; **Perf.** nagtinda;
                      Imperf. nagtitinda; **Cont.**
                      magtitinda; **Rec. Perf.** katítinda

                OF   **Inf.** itindá; **Perf.** itininda;
                      Imperf. itinitinda; **Cont.** ititinda

Aptative   AF   **Inf.** makapagtindá; **Perf.** nakapag-
                      tinda; **Imperf.** nakakapagtinda/
                      nakapagtitinda; **Cont.** makakapag-
                      tinda/makapagtitinda

                OF   **Inf.** ma(i)tindá; **Perf.** na(i)tinda;
                      Imperf. na(i)titinda; **Cont.** ma(i)-
                      titinda

Causative A_1F **Inf.** magpatindá; **Perf.** nagpatinda;

     Imperf. nagpapatinda; **Cont.** magpapatinda

A_2F **Inf.** (pa)pagtindahín; **Perf.** pinapagtindá/pinagtindá; **Imperf.** pinapapagtinda/pinapagtitinda/ pinagtitinda; **Cont.** papapagtindahin/papagtitindahin/pagtitindahin

OF **Inf.** ipatindá; **Perf.** ipinatinda; **Imperf.** ipinapatinda/ipinatitinda; **Cont.** ipapatinda/ipatitinda

         TINGIN
   ACT   DIR
   -um- -an "look at"

Indicative AF **Inf.** tumingín; **Perf.** tumingin; **Imperf.** tumitingin; **Cont.** titingin; **Rec. Perf.** katitingin

     DF **Inf.** ti(n)gnán; **Perf.** tini(n)gnan; **Imperf.** tiniti(n)gnan; **Cont.** titi(n)gnan

Aptative AF **Inf.** makatingín; **Perf.** nakatingin; **Imperf.** nakakatingin/nakatitingin; **Cont.** makakatingin/makatitingin

     DF **Inf.** mati(n)gnán; **Perf.** nati(n)gnan; **Imperf.** natiti(n)gnan; **Cont.** matiti(n)gnan

Involuntary   OF   **Inf.** mapatingín; **Perf.** napatingin; **Imperf.** napapatingin; **Cont.** mapapatingin

PATINGIN
ACT   OBJ
mag-   -an   "be examined"

Indicative   AF   **Inf.** magpatingín; **Perf.** nagpatingin; **Imperf.** nagpapatingin; **Cont.** magpapatingin

              OF   **Inf.** pati(n)gnán; **Perf.** pinati(n)gnan; **Imperf.** pinapati(n)gnan/pinagtiti(n)gnan; **Cont.** papati(n)gnan/patiti(n)gnan

TRABAHO
ACT
mag-   "work"

Indicative   AF   **Inf.** magtrabáho; **Perf.** nagtrabaho; **Imperf.** nagt(r)atrabaho; **Cont.** magt(r)atrabaho; **Rec. Perf.** kat(r)átrabaho

              OF   **Inf.** trabahúhin; **Inf.** trinabáho; **Imperf.** t(r)inatrabaho; **Cont.** t(r)atrabahuhin

Aptative	AF	**Inf.** makapagtrabáho; **Perf.** nakapagtrabaho; **Imperf.** nakakapagtrabaho/nakapagt(r)atrabaho; **Cont.** makakapagtrabaho/makapagt(r)atrabaho
	OF	**Inf.** matrabáho; **Perf.** natrabaho; **Imperf.** nat(r)atrabaho; **Cont.** mat(r)atrabaho
Causative	A_1F	**Inf.** magpatrabáho; **Perf.** nagpatrabaho; **Imperf.** nagpapatrabaho; **Cont.** magpapatrabaho
	A_2F	**Inf.** (pa)pagtrabahúhin; **Perf.** pinapagtrabáho/pinagtrabáho; **Imperf.** pinapapagtrabaho/pinapagt(r)atrabaho/pinagt(r)atrabaho; **Cont.** papapagtrabahuhin/papagt(r)atrabahuhin/pagt(r)atrabahuhin
	OF	**Inf.** ipatrabáho; **Perf.** ipinatrabaho; **Imperf.** ipinapatrabaho/ipinat(r)atrabaho; **Cont.** ipapatrabaho/ipat(r)atrabaho

                                                        TUGTOG
               ACT   OBJ
              -um-   i-/-in   "play"
                                            (an instrument)

Indicative   AF   **Inf.** tumugtóg; **Perf.** tumugtog;
                    Imperf. tumutugtog; **Cont.**
                    tutugtog; **Rec. Perf.** katutugtóg
              OF   **Inf.** itugtóg; **Perf.** itinugtog;
                    Imperf. itinutugtog; **Cont.**
                    itutugtog
              or
              OF   **Inf.** tugtugín; **Perf.** tinugtóg;
                    Imperf. tinutugtog; **Cont.**
                    tutugtugin

Aptative   AF   **Inf.** makatugtóg; **Perf.** nakatugtog;
                    Imperf. nakakatugtog/nakatutugtog;
                    Cont. makakatugtog/makatutugtog
              OF   **Inf.** ma(i)tugtóg; **Perf.** na(i)-
                    tugtog; **Imperf.** na(i)tutugtog;
                    Cont. ma(i)tutugtog

Causative A_1F **Inf.** magpatugtóg; **Perf.** nagpatug-
                    tog; **Imperf.** nagpapatugtog; **Cont.**
                    magpapatugtog
              A_2F **Inf.** patugtugín; **Perf.** pinatugtóg;
                    Imperf. pinapatugtog/pinatutugtog;
                    Cont. papatugtugin/patutugtugin

	OF	**Inf.** ipatugtóg; **Perf.** ipinatugtog; **Imperf.** ipinapatugtog/ipinatutugtog; **Cont.** ipapatugtog/ipatutugtog

OBJ
-um-   "be played, be sounded"

Indicative	OF	**Inf.** tumugtóg; **Perf.** tumugtog; **Imperf.** tumutugtog; **Cont.** tutugtog; **Rec. Perf.** katutugtóg

TULOG

ACT   DIR
ma-   -an   "sleep, go to sleep"

Indicative	AF	**Inf.** matúlog; **Perf.** natulog; **Imperf.** natutulog; **Cont.** matutulog; **Rec. Perf.** katutúlog
	DF	**Inf.** tulúgan; **Perf.** tinulugan; **Imperf.** tinutulugan; **Cont.** tutulugan
Aptative	AF	**Inf.** makatúlog; **Perf.** nakatulog; **Imperf.** nakakatulog/nakatutulog; **Cont.** makakatulog/makatutulog
	DF	**Inf.** matulúgan; **Perf.** natulugan;

		Imperf. natutulugan; Cont. matutulugan
Causative	A_1F	Inf. magpatúlog; Perf. nagpatulog; Imperf. nagpapatulog; Cont. magpapatulog
	A_2F	Inf. patulúgin; Perf. pinatúlog; Imperf. pinapatulog/pinatutulog; Cont. papatulugin/patutulugin
Aptative-Causative	A_1F	Inf. makapagpatúlog; Perf. nakapagpatulog; Imperf. nakakapagpatulog/nakapagpapatulog; Cont. makakapagpatulog/makapagpapatulog
	OF	Inf. mapatúlog; Perf. napatulog; Imperf. napapatulog/napatutulog; Cont. mapapatulog/mapatutulog

TULONG

		ACT	DIR	
		-um-	-an	"help"
Indicative	AF	Inf. tumúlong; Perf. tumulong; Imperf. tumutulong; Cont. tutulong; Rec. Perf. katutúlong		
	DF	Inf. tulúngan; Perf. tinulungan; Imperf. tinutulungan; Cont. tutulungan		
Aptative	AF	Inf. makatúlong; Perf. nakatulong;		

		Imperf. nakakatulong/nakatutulong; **Cont.** makakatulong/makatutulong
	DF	**Inf.** matulúngan; **Perf.** natulungan; **Imperf.** natutulungan; **Cont.** matutulungan
Causative	A₁F	**Inf.** magpatúlong; **Perf.** nagpatulong; **Imperf.** nagpapatulong; **Cont.** magpapatulong
	A₂F	**Inf.** patulúngin; **Perf.** pinatúlong; **Imperf.** pinapatulong/pinatutulong; **Cont.** papatulungin/patutulungin
	DF	**Inf.** patulúngan; **Perf.** pinatulungan; **Imperf.** pinapatulungan/pinatutulungan; **Cont.** papatulunga/patutulungan

TULOY

ACT

-um-   "enter"

Indicative	AF	**Inf.** tumulóy; **Perf.** tumuloy; **Imperf.** tumutuloy; **Cont.** tutuloy; **Rec. Perf.** katutulóy
Aptative	AF	**Inf.** makatulóy; **Perf.** nakatuloy; **Imperf.** nakakatuloy/nakatutuloy; **Cont.** makakatuloy/makatutuloy

Causative	A₁F	**Inf.** magpatuloý; **Perf.** nagpatuloy; **Imperf.** nagpapatuloy; **Cont.** magpapatuloy
	OF	**Inf.** patuluyín; **Perf.** pinatulóy; **Imperf.** pinapatuloy/pinatutuloy; **Cont.** papatuluyin/patutuluyin

OBJ

i-   "continue"

Indicative	OF	**Inf.** itulóy; **Perf.** itinuloy; **Imperf.** itinutuloy; **Cont.** itutuloy
Aptative	OF	**Inf.** maitulóy; **Perf.** naituloy; **Imperf.** naitutuloy; **Cont.** maitutuloy
Causative	OF	**Inf.** ipatulóy; **Perf.** ipinatuloy; **Imperf.** ipinapatuloy/ipinatutuloy; **Cont.** ipapatuloy/ipatutuloy
Aptative-Causative	OF	**Inf.** maipatulóy; **Perf.** naipatuloy; **Imperf.** naipapatuloy/naipatutuloy; **Cont.** maipapatuloy/maipatutuloy

PATULOY

	ACT	OBJ	
	mag-	ipag-	"continue"

Indicative   AF   **Inf.** magpatúloy; **Perf.** nagpatuloy; **Imperf.** nagpapatuloy; **Cont.** magpapatuloy; **Rec. Perf.** kapapagpatúloy

                  OF   **Inf.** i(pa)pagpatúloy; **Perf.** ipinapagpatuloy/ipinagpapatuloy; **Imperf.** ipinapapagpatuloy/ipinagpapatuloy; **Cont.** ipapapagpatuloy/ipagpapatuloy

Aptative   AF   **Inf.** makapagpatúloy; **Perf.** nakapagpatuloy; **Imperf.** nakakapagpatuloy/nakapagpapatuloy; **Cont.** makakapagpatuloy/makapagpapatuloy

                  OF   **Inf.** mai(pag)patúloy; **Perf.** naipagpatuloy/naipatuloy; **Imperf.** naipapagpatuloy/naipagpapatuloy/naipapatuloy; **Cont.** maipapagpatuloy/maipagpapatuloy/maipatutuloy

Causative A_1F **Inf.** magpapatúloy; **Perf.** nagpapatuloy; **Imperf.** nagpapapatuloy; **Cont.** magpapapatuloy

                 A_2F **Inf.** (pa)(pag)patulúyin; **Perf.** pinapagpatúloy/pinagpatúloy/

pinapatúloy; **Imperf.** pinapapag-patuloy/pinapagpapatuloy/pinagpa-patuloy/pinapapatuloy; **Cont.** papapagpatuluyin/papagpapatuluyin/pagpapatuluyin/papatuluyin

			TURO'	
		ACT	OBJ	DIR
		mag-	i-	-an "teach"

Indicative AF **Inf.** magtúro'; **Perf.** nagturo'; **Imperf.** nagtuturo'; **Cont.** magtuturo'; **Rec. Perf.** katutúro'

OF **Inf.** itúro'; **Perf.** itinuro'; **Imperf.** itinuturo'; **Cont.** ituturo'

DF **Inf.** turúan; **Perf.** tinuruan; **Imperf.** tinuturuan; **Cont.** tuturuan

Aptative AF **Inf.** makapagtúro'; **Perf.** nakapagturo'; **Imperf.** nakakapagturo'/nakapagtuturo'; **Cont.** makakapagturo'/makapagtuturo'

OF **Inf.** maitúro'; **Perf.** naituro'; **Imperf.** naituturo'; **Cont.** maituturo'

DF **Inf.** maturúan; **Perf.** naturuan; **Imperf.** natuturuan; **Cont.** matuturuan

Causative	A_1F	**Inf.** magpatúro'; **Perf.** nagpaturo'; **Imperf.** nagpapaturo'; **Cont.** magpapaturo'
	A_2F	**Inf.** (pa)pagturúin; **Perf.** pinapagtúro'/pinagtúro'; **Imperf.** pinapapagturo'/pinapagtuturo'/pinagtuturo'; **Cont.** papapagturuin/papagtuturuin/pagtuturuin
	OF	**Inf.** ipatúro'; **Perf.** ipinaturo'; **Imperf.** ipinapaturo'; **Cont.** ipapaturo'
	DF	**Inf.** paturúan; **Perf.** pinaturuan; **Imperf.** pinapaturuan/pinatuturuan; **Cont.** papaturuan/patuturuan

	ACT	OBJ	
	(-um-)	-i	"point"

Indicative	OF	**Inf.** itúro'; **Perf.** itinuro'; **Imperf.** itinuturo'; **Cont.** ituturo'
Aptative	AF	**Inf.** makatúro'; **Perf.** nakaturo'; **Imperf.** nakakaturo'/nakatuturo'; **Cont.** makakaturo'/makatuturo'
	OF	**Inf.** maitúro'; **Perf.** naituro'; **Imperf.** naituturo'; **Cont.** maituturo'

Causative	OF		**Inf.** ipatúro'; **Perf.** ipinaturo'; **Imperf.** ipinapaturo'/ipinatuturo'; **Cont.** ipapaturo'/ipatuturo'

TUTO

ACT	OBJ	
ma-	ma- -an	"learn"

Indicative	AF		**Inf.** matúto; **Perf.** natuto; **Imperf.** natututo; **Cont.** matututo; **Rec. Perf.** katutúto
	OF		**Inf.** matutúhan/matutúnan; **Perf.** natutuhan/natutunan; **Imperf.** natututuhan/natututunan; **Cont.** matututuhan/matututunan

UMPISA

ACT	OBJ	
mag-	-an	"start, begin"

Indicative	AF		**Inf.** mag-umpiśa; **Perf.** nag-umpisa; **Imperf.** nag-uumpisa; **Cont.** mag-uumpisa; **Rec. Perf.** kauumpiśa
	OF		**Inf.** umpisahán; **Perf.** inumpisahan; **Imperf.** inuumpisahan; **Cont.** uumpisahan

Aptative	AF	**Inf.** makapag-umpisá; **Perf.** nakapag-umpisa; **Imperf.** nakakapag-umpisa/nakapag-uumpisa; **Cont.** makakapag-umpisa/makapag-uumpisa
	OF	**Inf.** maumpisahán; **Perf.** naumpisahan; **Imperf.** nauumpisahan; **Cont.** mauumpisahan
Causative	A_1F	**Inf.** magpaumpisá; **Perf.** nagpaumpisa; **Imperf.** nagpapaumpisa; **Cont.** magpapaumpisa
	A_2F	**Inf.** (pa) pag-umpisahín; **Perf.** pinapag-umpisá/pinag-umpisá; **Imperf.** pinapapag-umpisa/pinapag-uumpisa/pinag-uumpisa; **Cont.** papapag-umpisahin/papag-uumpisahin/pag-uumpisahin
	OF	**Inf.** paumpisahán; **Perf.** pinaumpisahan; **Imperf.** pinapaumpisahan/pinauumpisahan; **Cont.** papaumpisahan/pauumpisahan

			UNAWA'
		ACT	DIR
		-um-	-in "understand"

Indicative	DF	**Inf.** unawáin; **Perf.** inunáwa'; **Imperf.** inuunawa'; **Cont.** uunawain; **Rec. Perf.** kauunáwa'
Aptative	AF	**Inf.** makaunáwa'; **Perf.** nakaunawa; **Imperf.** nakakaunawa'/nakauunawa'; **Cont.** makakaunawa'/makauunawa'
	DF	**Inf.** maunawáan; **Perf.** naunawaan; **Imperf.** nauunawaan; **Cont.** mauunawaan
Causative	A_1F	**Inf.** magpaunáwa'; **Perf.** nagpaunwa'; **Imperf.** nagpapaunawa'; **Cont.** magpapaunawa'
	A_2F	**Inf.** paunawáin; **Perf.** pinaunáwa'; **Imperf.** pinapaunawa'/pinauunawa'; **Cont.** papaunawain/pauunawain
	OF	**Inf.** ipaunáwa'; **Perf.** ipinaunawa'; **Imperf.** ipinapaunawa'/ipinauunawa'; **Cont.** ipapaunawa'/ipauunawa'

UPO'

	ACT	DIR	
	ma-/-um-	-an	"sit down"

Indicative AF **Inf.** maupó'; **Perf.** naupo'; **Imperf.** nauupo'; **Cont.** mauupo'

or

AF **Inf.** umupó'; **Perf.** umupo'; **Imperf.** umuupo'; **Cont.** uupo'; **Rec. Perf.** kauupó'

DF **Inf.** upuán; **Perf.** inupuan; **Imperf.** inuupuan; **Cont.** uupuan

Aptative AF **Inf.** makaupó'; **Perf.** nakaupo'; **Imperf.** nakakaupo'/nakauupo'; **Cont.** makakaupo'/makauupo'

DF **Inf.** maup(u)án; **Perf.** naupu(u)an; **Imperf.** nauup(u)an; **Cont.** mauup(u)an

Causative A_1F **Inf.** magpaupó'; **Perf.** nagpaupo'; **Imperf.** nagpapaupo'; **Cont.** magpapaupo'

A_2F **Inf.** paupuín; **Perf.** pinaupó'; **Imperf.** pinapaupo'/pinauupo'; **Cont.** papaupuin/pauupuin

DF **Inf.** paup(u)án; **Perf.** pinaup(u)an; **Imperf.** pinapaup(u)an/pinauup(u)an; **Cont.** papaup(u)an/pauup(u)an

Involuntary	AF	\multicolumn{2}{l}{**Inf.** mapaupó'; **Perf.** napaupo'; **Imperf.** napapaupo'; **Cont.** mapapaupo'}

USAP

	ACT	REF	
	mag-	pag- -an	"talk, converse"

Indicative	AF	(pl.)	**Inf.** mag-úsap; **Perf.** nag-usap; **Imperf.** nag-uusap; **Cont.** mag-uusap; **Rec. Perf.** kapapag-úsap
	R$_f$F		**Inf.** pag-usápan; **Perf.** pinag-usapan; **Imperf.** pinapag-usapan/ pinag-uusapan; **Cont.** papag-usapan/ pag-uusapan
Aptative	AF	(pl.)	**Inf.** makapag-úsap; **Perf.** nakapag-usap; **Imperf.** nakakapag-usap/nakapag-uusap; **Cont.** makakapag-usap/makapag-uusap
	R$_f$F		**Inf.** mapag-usápan; **Perf.** napag-usapan; **Imperf.** napapag-usapan/ napag-uusapan; **Cont.** mapapag-usapan/mapag-uusapan
Accidental	AF	(pl.)	**Inf.** magkaúsap; **Perf.** nagka-usap; **Imperf.** nagkakausap; **Cont.** magkakausap

KAUSAP

		ACT (-um-)	DIR -in	"converse with"

Indicative	DF	**Inf.** kausápin; **Perf.** kinaúsap; **Imperf.** kinakausap; **Cont.** kakausapin; **Rec. Perf.** kakakaúsap
Aptative	AF	**Inf.** makakaúsap; **Perf.** nakakausap; **Imperf.** nakakakausap; **Cont.** makakakausap
	DF	**Inf.** makaúsap; **Perf.** nakausap; **Imperf.** nakakausap; **Cont.** makakausap
Causative	A_1F	**Inf.** magpakaúsap; **Perf.** nagpakausap; **Imperf.** nagpapakausap; **Cont.** magpapakausap
	A_2F	**Inf.** ipakaúsap; **Perf.** ipinakausap; **Imperf.** ipinapakausap/ipinakakausap; **Cont.** ipapakausap/ipakakausap
Accidental	DF	**Inf.** makaúsap; **Perf.** nakausap; **Imperf.** nakakausap; **Cont.** makakausap

PAG-USAP
ASSO
maki-   "converse with"

Associative   AF   **Inf.** makipag-úsap; **Perf.** nakipag-usap; **Imperf.** nakikipag-usap; **Cont.** makikipag-usap; **Rec. Perf.** kakikipag-úsap

PAKIUSAP
ACT   DIR
m-   -an   "request"

Indicative   AF   **Inf.** makiúsap; **Perf.** nakiusap; **Imperf.** nakikiusap; **Cont.** makikiusap; **Rec. Perf.** kakikiúsap
              DF   **Inf.** pakiusápan; **Perf.** pinakiusapan; **Imperf.** pinapakiusapan/pinakikiusapan; **Cont.** papakiusapan/pakikiusapan

UWI'

ACT
-um-   "return home"

Indicative   AF   **Inf.** umuwí'; **Perf.** umuwi'; **Imperf.**
                    umuuwi'; **Cont.** uuwi'; **Rec. Perf.**
                    kauuwí'

Aptative   AF   **Inf.** makauwí'; **Perf.** nakauwi';
                    Imperf. nakakauwi'/nakauuwi';
                    Cont. makakauwi'/makauuwi'

Causative   A₁F   **Inf.** magpauwí'; **Perf.** nagpauwi';
                    Imperf. nagpapauwi'; **Cont.**
                    magpapauwi'

              A₂F   **Inf.** pauwiín; **Perf.** pinauwí';
                    Imperf. pinapauwi'/pinauuwi';
                    Cont. papauwiin/pauuwiin

ACT   OBJ   DIR
mag-   i-   -an   "bring home"

Indicative   AF   **Inf.** mag-uwí'; **Perf.** nag-uwi''
                    Imperf. nag-uuwi'; **Cont.** mag-
                    uuwi'; **Rec. Perf.** kauuwí'

              OF   **Inf.** iuwí'; **Perf.** iniuwi'; **Imperf.**
                    iniuuwi'; **Cont.** iuuwi'

              DF   **Inf.** uwián; **Perf.** inuwian;
                    Imperf. inuuwian; **Cont.** uuwian

Aptative	AF	**Inf.** makapag-uwí'; **Perf.** nakapag-uwi'; **Imperf.** nakakapag-uwi'/nakapag-uuwi'; **Cont.** makakapag-uwi'/makapaguuwi'
	OF	**Inf.** maiuwí'; **Perf.** naiuwi'; **Imperf.** naiuuwi'; **Cont.** maiuuwi'
	DF	**Inf.** mauwián; **Perf.** nauwian; **Imperf.** nauuwian; **Cont.** mauuwian
Causative	A_1F	**Inf.** magpauwí'; **Perf.** nagpauwi'; **Imperf.** nagpapauwi'; **Cont.** magpapauwi'
	A_2F	**Inf.** papag-uwiín; **Perf.** pinapag-uwí'; **Imperf.** pinapapag-uwi/pinapag-uuwi; **Cont.** papapag-uwiin/papag-uuwiin
	OF	**Inf.** ipauwí'; **Perf.** ipinauwi'; **Imperf.** ipinapauwi'/ipinauuwi'; **Cont.** ipapauwi'/ipauuwi'
	DF	**Inf.** pauwián; **Perf.** pinauwian; **Imperf.** pinapauwian/pinauuwian; **Cont.** papauwian/pauuwian

		YAKAP
ACT	DIR	
-um-	-in	"embrace"

Indicative	AF	**Inf.** yumákap; **Perf.** yumakap;

			Imperf. yumayakap; **Cont.** yayakap; **Rec. Perf.** kayayákap
		DF	**Inf.** yakápin; **Perf.** yinákap; **Imperf.** yinayakap; **Cont.** yayakapin
Aptative		AF	**Inf.** makayákap; **Perf.** nakayakap; **Imperf.** nakakayakap/nakayayakap; **Cont.** makakayakap/makayayakap
		DF	**Inf.** mayákap; **Perf.** nayakap; **Imperf.** nayayakap; **Cont.** mayayakap
Causative		A_1F	**Inf.** magpayákap; **Perf.** nagpayakap; **Imperf.** nagpapayakap; **Cont.** magpapayakap
		A_2F	**Inf.** payakápin; **Perf.** pinayákap; **Imperf.** pinapayakap/pinayayakap; **Cont.** papayakapin/payayakapin
		OF	**Inf.** ipayákap; **Perf.** ipinayakap; **Imperf.** ipinapayakap/ipinayayakap; **Cont.** ipapayakap/ipayayakap
Involuntary		AF	**Inf.** mapayákap; **Perf.** napayakap; **Imperf.** napapayakap; **Cont.** mapapayakap
Accidental		OF	**Inf.** máyakap; **Perf.** nayakap; **Imperf.** nayayakap; **Cont.** mayayakap
Reciprocal		AF	(pl.) **Inf.** magyakapán; **Perf.** nagyakapan; **Imperf.** nagyayakapan; **Cont.** magyayakapan

English - Tagalog Verb Index

A

accept tanggáp (-um-, -in) 257
accompany sáma (-um-, -an) 218
accompany, make someone sáma (i-, -an) 219
ache (intransitive) sakít (-um-) 211
add dagdág (mag-, -i, -an) 48
afraid, be tákot (ma-, ka- -an, ika-) 253
angry, get gálit (ma-, ka- -an/pa- -an, ika-) 61
answer sagót (-um-, i-, -in) 208
approach lápit (-um-, -an) 150
arrange áyos (mag-, -in) 16
arrive datíng (-um-, -an) 55
ashamed, be hiyá' (ma-, ika-) 108
ashamed with each other, be hiyá' (magka- -an) 109
ask hingí' (-um-, -in, -an, i-) 100
ask tanóng (mag-, i-, -in) 258
attend to intindí (mag-, -in) 119
attracted by the beauty of, be gandá (ma- -an) 68

B

bad, become samá' (-um-, ika-) 222
bathe palígo' (mag- -an) 157
become magíng 169
become low or lower babá' (-um-, ika-) 20
begin umpisá (mag-, -an) 282
big, become lakí (-um-, ika-) 147
big, make lakí (-an) 147
bite kagát (-um-, -in, -an) 125
borrow hirám (-um-, -in, -an, i-) 105
break glassware/earthenware básag (-in) 26
breathe hingá (-um-) 98
bring dalá (mag-, -in, -an, ipag-) 49
bring hatíd (mag-, i-, ipag-) 92
bring along sáma (mag-, i-) 221
bring back balík (mag-, i-) 21
bring home uwí' (mag-, i-, -an) 289
bring to life búhay (-um-, -in) 42
bring up akyát (mag-, i-, -an) 6
build tayó' (mag-, i-, -an) 266
burn súnog (mag-, -in) 240
burned, become súnog (ma-) 241
buy bilí (-um-, -in, -an, i-, ipang-) 37

C

call táwag (-um-, -in) 262

carry   dalá   (mag-,   -in,   -an,   ipag-) 49
catch   húli   (-um-,   -in,   i-,   ipang-) 111
change   palít (mag-,   -an) 177
change clothes   bíhis (mag-, i-,   -an) 34
change with something else   palít (i-/ipag-) 178
choice, have no   pílì   (ma- -an) 194
choose   pílì' (-um-,   -in,   pag- -an) 192
choosing, keep (distributive)   pílì' (mang-) 193
clean   línis (mag-,   -in,   ipang-) 162
clean, become   línis (-um-,   ika-) 163
climb   akyát (-um-,   -in) 5
close   sará   (mag-,   i-,   -an) 223
closed, become   sará   (-um-,   ika-) 223
cold, become   lamíg (-um-,   ika-) 149
collect   ípon   (mag-,   -in) 120
collected, become ípon (ma-) 120
come back balík (mag-/-um-, -an) 20
come from gáling (mang-, pang- -an) 59
commit suicide   pakamatáy (mag-) 190
companions, to be sáma (magka-) 220
consider to be far from   layô' (ma- -an) 154
continue   patúloy (mag-,   ipag-) 279
continue   tulóy (i-) 278
converse   úsap   (mag-,   pag- -an) 286
converse with   kaúsap (-in) 287
converse with   pag-úsap (maki-) 288
cook   lúto' (mag-,   i-/-in, ipag-, pag- -an) 167
copy   kópya (-um-,   -in,   -an,   i-) 134
count   bílang (-um-,   -in,   -an) 35
court   lígaw (-um-,   -an) 155
cover   takíp (mag-,   -an) 251
cover up   takíp (mag-,   pag- -an) 252
cross (a street) tawíd (-um-,   -in) 263
cross (transitive) tawíd (mag-, i-) 264
cry   iyák   (-um-,   -an) 124
cure   gamót (-um-/mag-,   -in,   ipang-) 63
cut   híwa' (-um-/mag-,   -in,   -an,   i-,   ipang-) 106
cut a piece from   pútol (-um-,   -in,   -an,) 204
cut with scissors gupít (-um-,   -in,   -an,   i-) 77

D

damage   sirà' (-um-,   -in,   -an) 231
damaged, become sirà' (ma-,   ma- -an) 233
dance (with)   sayáw (-um-/mag-, i-/-in, -an) 227
defeat someone   tálo   (-in) 254
defeated, be   tálo   (ma-) 253
depart   alís   (-um-) 11
destroy   sirá' (-um-,   -in,   -an) 231
destroyed, become sirá' (ma-,   ma- -an) 233
die   patáy (mang-, ika-) 190

disappoint bigó' (-in) 33
disappointed, be bigó' (ma-) 33
disorderly, be guló (ma-, ika-) 75
do gawá' (-um-, -in, -an) 71
do something kílos (-um-) 132
down, bring babá' (mag-, i-, -an) 18
down, go or come babá' (-um-) 18
dress bíhis (mag-, i-, -an) 34
dress someone suót (-an) 243
drink inóm (-um-, -in, -an) 117
drive a vehicle maného (mag-, -in, i-/ipag-) 170

E

eat káin (-um-, -in, -an) 126
embrace yákap (-um-, -in) 290
enter pások (-um-, -in) 184
enter tulóy (-um-) 277
enter into suót (-um-/mag-, -in, -an) 243
erase burá (mag-, ipang-) 45
erect tayó' (mag-, i-, -an) 266
examined, be patingín (mag-, -an) 272
exist pagkaroón (m-) 174
expect ása (-um-, -an) 14

F

face haráp (-um-, -in) 91
far from, bring layó' (i-) 154
far from, go layó' (-um-, -an) 153
feel (physically or emotionally) damdám (maka-, ma- -an) 52
feel disturbed or troubled guló (ma- -an) 75
feel hurt damdám (mag-, -in) 53
fight lában (mag-) 140
fight against lában (-um-, -an/ka- -in, pag- -an) 138
fill up a container punó' (mag-, -in) 202
finish tápos (-in) 259
fire victim, be a sunóg (ma- -an) 241
fly lipád (-um-) 164
follow sunód (-um-, -in/-an) 239
forbid báwal (mag-, i-, -an) 28
force someone pílit (i-, -in) 193
force self pílit (mag-) 195
forced, be pílit (ma- -an) 194
forget límot (-um-, -in/ka- -an) 161
friends, become batí (mag-) 28
frighten tákot (-in) 253
frustrated bigó' (ma-) 33

full, be (after eating) busóg (ma-, ika-) 46
full, become punô' (ma-, ika-) 201

G

gamble sugál (mag-, i-/ipang-) 233
gathered together, become ípon (ma-) 120
gay, become sayá (-um-, ika-) 226
get kúha (-um-, -in, -an, i-) 136
get into suót (-um-/mag-, -in, -an) 243
gift, give a regálo (mag-, i-, -an) 205
gift from one's travel, give a pasalúbong (magka-, i-, -an) 217
give bigáy (mag-, i-, -an) 32
good, become galíng (-um-, ika-) 60
good-bye, say paálam (mag-) 11
go to puntá (-um-/mag-, -an) 203
go with sáma (-um-, -an) 220
graduate tapós (mag-) 260
greet báti (-um-, -in) 27

H

hand to abót (mag-, -i, -an) 2
happen pangyári (m-) 183
happy, be sayá (mag-) 227
happy, become sayá (-um-, ika-) 226
have pagkaroón (m-) 174
have no choice pílit (ma- -an) 194
heal gamót (-um-/mag-, -in, ipang-) 63
hear diníg (maka-, ma-) 57
heat (over a fire) init (mag-, -in) 116
help túlong (-um-, -an) 276
hide one's self tágo' (mag-, -an) 245
hide something tágo' (mag-, i-, -an) 246
hold háwak (-um-, -an) 93
hot, become init (-um-, ika-) 115
hungry, be gútom (ma-, ika-) 78
hungry, make someone gútom (-in) 79
hurt (intransitive) sakít (-um-) 211
hurt (transitive) sakít (-an) 212

I

increase dagdág (mag-, i-, -an) 48
insist pílit (mag-) 195

introduce pakilála (mag-, i-) 131
iron plántsa (mag-, -in) 197

J

joke bíro' (-um-, -in) 39
jump talón (-um-, -an) 254

K

kill patáy (-um-, -in) 188
kiss halík (-um-, -an) 83
know alám (-in) 10

L

last, be hulí (ma-) 112
late, be hulí (ma-) 112
laugh táwa (-um-, -an) 261
learn túto (ma-, ma- -an) 282
leave behind iwan (mag-, i-, -an) 122
lengthen hába' (-an) 80
left behind, be iwan (ma-) 124
lie down (intransitive) higá' (ma-/-um-, -an) 94
life, bring to búhay (-um-, -in) 42
life, have búhay (ma-) 41
lift búhat (-um-, -in, ipang-) 40
like ibig (maka-, ma- -an) 114
listen pakiníg (m-, -an) 175
live búhay (ma-) 41
live (reside) búhay (mang-) 42
long, become hába' (-um-, ika-) 79
look at tingín (-um-, -an) 271
look for hánap (-um-, -in, -an, i-) 87
lose one's way ligáw (ma-) 155
lost, make someone ligáw (mag-, i-) 155
loud, make lakás (-an) 146
love ibig (-um-, -in) 113
love mahál (mag-, -in) 169

M

make gawá' (-um-, -in, -an) 71
married, get kasál (i-) 130

measure súkat (-um-, -in, -an) 235
meet kíta (mag-) 134
meet accidentally salúbong (mag-/magka-) 216
meet to welcome salúbong (-um-, -in) 215
mistake, make a malí' (magka-) 170
mix hálo' (mag-, i-/-in, -an, ipang-) 85
move lípat (mag-, i-) 166
move (intransitive) galáw (-um-) 58
move (transitive) galáw (-in) 58
move kílos (-um-) 132

N

noise, be affected by ingay (ma- -an) 115
noise, make ingay (mag-) 115
noisy, become ingay (-um-, ika-) 114
notice pansín (-um-, -in) 183

O

obey sunód (-um-, -in/-an) 239
occur ganáp (-in) 66
open bukás (mag-, -an/i-, ipag-) 43
open (intransitive) bukás (-um-) 44
oppose lában (-um-, -an/ka- -in, pag- -an) 138
outside, go labás (-um-) 140
overtake ábot (-um-, -in, -an) 3

P

paint pintá (mag-, i-, -an) 195
pass daán (-um-/mag-, -an) 47
pay báyad (mag-, -an, i(pag)-, i(pang)-) 30
perform ganáp (-um-, -in/-an) 65
place lagáy (mag-, i-, -an, pag- -an) 142
plant taním (mag-, i-, -an) 255
play laró' (mag-, -in) 151
play with something/someone laró' (pag- -an) 153
play (an instrument) tugtóg (-um-, i-/-in) 274
played, be tugtóg (-um-) 275
point túro' (i-) 281
pray dasál (mag-, -in, -an, ipag-) 53
prepare handá' (mag-, i-, ipag-/pag- -an) 88
press plántsa (mag-, -in) 197
pretty, become gandá (-um-, ika-) 66
pretty, make gandá (-an) 67
promise pangáko' (m-, i-, -an) 181
pull híla (-um-, -in, -an, ipang-) 97

put away ligpít (mag-, i-/-in) 158
put in a disorderly state guló (-um-, -in) 76

Q

quarrel with each other áway (mag-) 15

R

raise up búhat (-um-, -in, ipang-) 40
reach ábot (-um-, -in, -an) 3
reach for abót (-um-, -in) 1
read bása (-um-, -in, -an) 24
ready, get (intransitive) handá' (-um-) 91
rear a child palakí (mag-, -in) 148
receive tanggáp (-um-, -in) 257
reclining position, place in a higá' (mag-, i-) 95
recognition, give kilála (-um-, -in) 131
recognize kilála (maka-, ma-) 130
rely on ása (-um-, -an) 14
remember ala-ála/alála (-um-, -in) 7
remove alís (mag-, -in, -an) 12
replace (intransitive) palít (-um-, -an) 176
replace (transitive) palít (mag-, -an) 177
report balíta' (mag- i-, -an) 22
request pakiúsap (m-, -an) 288
resent damdám (mag-, -in) 53
reside in a certain place búhay (mang-) 42
rest pahingá (mag-) 99
restrain self pígil (mag-) 191
restrain someone pígil (-in) 190
retaliate gantí (-um-, -an, -i) 68
return balík (mag-, i-) 21
return balík (mag-/-um-, -an) 20
return home uwí' (-um-) 289
return something borrowed or taken saúli' (mag-, i-, -an) 225
reveal one's feelings hingá (i-, -an) 99
reward gantí (-um-, -an, -i) 68
ride (intransitive) sakáy (-um-, -an) 209
ride, make someone sakáy (mag-, i-, pa- -an) 210
rumor, hear as balíta' (maka-, ma- -an) 24
run takbó (-um-, -in) 249
run after hábol (-um-, -in) 80
run away from takbó (-an) 250
run to for help takbó (-an) 250

S

save ípon (mag-, -in) 120
say sábi (mag-, -in, -an) 207
scold gálit (ma-, ka- -an/pa- -an, ika-) 61
see kíta (maka-, ma-) 133
sell pagbilí (m-, i-, -an) 38
sell tindá (mag-, i-) 270
send hatíd (mag-, i-, ipag-) 92
sew tahí' (-um-, -in, -i) 248
shame hiyá' (-in) 108
shout sigáw (-um-, -an) 229
shy, be hiyá' (ma-, ika-) 108
shy with each other, be hiyá' (magka- -an) 109
sick, become sakít (magka-) 212
sing kantá (-um-, -in, -an, -i) 128
sit down upó' (ma-/-um-, -an) 285
slaughter (as in animals) patáy (mag-, -in) 189
sleep/go to sleep túlog (ma-, -an) 275
slice híwa' (-um-/mag-, -in, -an, i-, ipang-) 106
smile ngití' (-um-, -an) 173
sounded, be tugtóg (-um-) 275
speak salitá' (mag-) 215
spend gastá (-um-, -in, -an/pag- -an, ika-) 69
stand up (intransitive) tayó' (-um-) 265
start umpisá (mag-, -an) 282
start a quarrel with áway (-um-, -in) 15
steal nákaw (mag-, -in, -an) 172
stop hintó' (mag-, i-, -an) 104
stop (intransitive) hintó' (-um-, -an) 102
stop (intransitive) tígil (-um-) 267
stop (transitive) tígil (mag-, i-, -an) 268
strive síkap (mag-, -in, pag- -an) 230
stroll pasyál (mag-, -an, i-) 186
strong, become lakás (-um-, ika-) 145
strong, make lakás (-an) 146
study áral (mag-, pag- -an) 13
support búhay (-um-, -in) 42
surprise gúlat (-in, ipang-) 74
surprised, be gúlat (ma-, ika-) 73
swim langóy (-um-, -in) 149

T

take kúha (-um-, -in, -an, i-) 136
take a bath lígo' (ma-) 157
take care of alága' (mag-, -an) 9
take charge of intindí (mag-, -in) 119
take in pások (mag- i-, -an) 184
take out labás (mag-, i-) 141
take part in (intransitive) sáli (-um-, -an) 212

take part in, get someone to sáli   (mag-,   i-,
         pa- -an) 213
take place   ganáp   (-in) 66
talk   úsap   (mag-,   pag- -an) 286
taste   tikím   (-um-,   -an) 269
teach   túro'   (mag-,   i-,   -an) 280
tear   púnit   (-in,   -an) 200
tease   bíro'   (-um-,   -in) 39
think   ísip   (mag-,   -in/pag- -an) 121
throw   hágis   (mag-,   i-,   -an,   ipang-) 81
thrown, be   hágis   (-um-) 83
tired, get   págod   (ma-,   ika-) 175
touch   galáw   (-in) 58
torn, become   púnit   (ma-,   ika-) 199
tour   pasyál   (mag-,   -an,   i-) 186
transfer (intransitive)   lípat   (-um-,   -an) 165
transfer (transitive)   lípat   (mag-,   i-) 166
travel by airplane   lipád   (-um-) 164
trifle with   laró'   (pag- -an) 153
try the fit of (a dress)   súkat
         (mag-,   i-) 236
turn, make a   likó'   (-um-,   -an) 159
turn, make something   likó'   (i-) 160

U

understand   intindí   (-in) 118
understand   unáwa'   (-um-,   -in) 284
unlucky   samá'   (-um-,   ika-) 222
up, bring   akyát   (mag-,   i-,   -an) 6
use   gámit   (-um-,   -in,   -an) 62

V

visit   dálaw   (-um-,   -in) 51

W

wait   hintáy   (mag-,   -in) 101
wake up   gísing   (-in) 72
wake up (intransitive)   gísing   (-um-/ma-,   ika-) 72
walk   lákad   (-um-,   -in,   -an) 144
walk, take a   pasyál   (mag-,   -an,   i-) 186
wash   húgas   (mag-,   -an,   ipag- ipang-) 109
wash clothes   labá   (mag-,   -an) 137
waste   aksayá   (mag-,   -in,   -an) 4
watch (e.g., a show)   panoód   (m-,   -in) 180
water   dilíg   (mag-,   -in/-an) 55
wear   suót   (mag-,   i-) 242
well, become   galíng   (-um-,   ika-) 60

win panálo (m-, -an) 179
wipe púnas (mag-, -an, ipang-) 198
woo lígaw (-um-, -in/i-, -an) 155
work trabáho (mag-) 272
worry alalá (mag-, -in) 8
write súlat (-um-, -in/i-, -an) 237

www.ingramcontent.com/pod-product-compliance
Lightning Source LLC
Chambersburg PA
CBHW021803220426
43662CB00006B/165